I0366117

www.ingramcontent.com/pod-product-compliance
Lightning Source LLC
Chambersburg PA
CBHW070154080526
44586CB00015B/1982

9781927998397

پرانی مشکیں

اور

نئی مے

خداوند یسوع مسیح نے کیسے عہدِ عتیق کی شریعت کو پورا کیا

اور

اَب وہ ہم سے کیا توقع کرتا ہے۔

مصنف: ایف۔ وین۔ میک لائیڈ

مترجم: عمانوایل داوٗد

Light To My Path Book Distribution

Sydney Mines, NS Canada

پرانی مشکیں اور نئی مے

جملہ حقوق بحق مصنف محفوظ ہیں۔

کاپی رائٹس 2007 بحق مصنف ایف۔ وین۔ میک لائیڈ محفوظ ہیں۔
چونکہ اس کتاب کے تمام جملہ حقوق بحق مصنف محفوظ ہیں، اس لئے کتاب کا کوئی بھی حصہ مصنف کی تحریری اجازت کے بغیر شائع نہ کیا جائے۔

''لائٹ ٹو مائے پاتھ بک ڈسٹری بیوشن'' نے یہ کتاب (انگریزی زبان میں) 153 اٹلانٹک سٹریٹ' سڈنی مائنز' این ایس کینیڈا بی آئی وی 1y5 سے شائع کی۔

پبلشر سے پہلے تحریری منظوری کے بغیر کسی سسٹم میں محفوظ کرنا یا کسی بھی مقصد کی خاطر کہیں منتقل کرنا یا کسی برقیاتی یا مشینی طریقہ سے اِس کی عکاسی کرنا سخت منع ہے۔ مگر قارئین کرام اور خادم الدین چھوٹا اقتباس کہیں تبصرہ یا جائزہ کے طور پر استعمال کر سکتے ہیں۔

2

پرانی مشکیں اور نئ مے

نام کتاب	پرانی مشکیں اور نئ مے
مصنف	ایف۔ وین۔ میک لائیڈ
مترجم	عمانوایل داؤد
کمپوزنگ	عمانوایل داؤد
پروف ریڈنگ	مسز رضیہ مسکان
سن اشاعت	اگست 2010
تعداد	ایک ہزار
ہدیہ کتاب	پچاس روپے

رابطہ:

عمانوایل داؤد

فون نمبرز 4414069 -0300 - 4414069 -0312

ای میل ایڈریس۔ mathew_forjesus@yahoo.ca

پرانی مشکیں اور نئی مے

فہرست مضامین

	صفحہ نمبر
پیش لفظ	6
1: شریعت کی مہربانی	8
2: درست اور غلط کی پہچان	13
3: خدا کے حضور جوابدہی	16
4: ضرورت کا مکاشفہ	19
5: آنے والی چیزوں کا عکس	24
6: خدا کے حضور راستباز ٹھہرنا	32
7: نئی کہانت	37
8: نیا دِل	41
9: گناہ پر فتح	45
10: فضل سے نجات	51
11: شریعت کی موت	55
12: شریعت بطور ہماری سر پرست	58
13: نیا رہنما	62
14: روح میں چلنا	69

4

15: روح کے تقاضے	76
16: اختلافات ختم کریں	80
17: دوسروں سے کریں	88
18: رحم	91
19: دل کا رویہ	95
20: محبت	99
21: آخری بات	102

پیش لفظ

کوئی شخص بھلا کیوں خدا کی شریعت کے موضوع پر غور وفکر کرنے والے عمیق سلسلۂ تعلیم میں دلچسپی لے گا؟ بلاشبہ مسیحی رفاقتی جماعتوں میں یہ دلچسپی کا حامل اور ترجیح یافتہ موضوع نہیں ہے۔ زیرِ نظر کتاب کا مزید مطالعہ ترک کرنے سے پیشتر اِس حقیقت پر دھیان دیں کہ جب خدا نے خود کو ظاہر کرنا چاہا تو یہ شریعت ہی تھی جس کے وسیلہ سے خدا نے انسان پر اپنے آپ کو ظاہر کیا۔ شریعت میں خدا' اُس کے مقصد اور منصوبہ کے بارے میں ہمیں تعلیم دینے کے لئے بہت کچھ موجود ہے۔ اِس میں انسانی فطرت کے بارے میں سکھانے کے لئے بھی بہت کچھ پایا جاتا ہے۔ شریعت ہی نے لوگوں کو اِس بات کی تعلیم' ہدایت اور رہنمائی دی کہ وہ کیسے خدا کے ساتھ اپنا تعلق اِستوار کر سکتے ہیں۔ شریعت خداوند یسوع مسیح کے کام کی ضرورت کو بھی ہم پر عیاں کرتی ہے۔ شریعت کے پیغام کو پورے طور پر سمجھے بغیر ہم اپنی حالت کو بہتر طور پر سمجھ نہیں سکتے ہیں۔ جب تک ہم اپنی حالت کو شریعت کے تقاضوں کی روشنی میں نہ دیکھیں اُس وقت تک ہم نجات دہندہ کو بھی نگاہِ قدر سے نہیں دیکھ سکتے۔

مذکورہ بالا نکات کے پیشِ نظر ہمیں متی 17:9 میں خداوند یسوع مسیح کی بات پر بھر پور توجہ دینے کی ضرورت ہے۔

اور نئی مے پرانی مشکوں میں نہیں بھرتے ورنہ مشکیں پھٹ جاتی ہیں اور مے بہہ جاتی ہے اور مشکیں برباد ہو جاتی ہیں۔ بلکہ نئی مے نئی مشکوں میں بھرتے ہیں اور وہ دونوں بچی رہتی ہیں۔

پرانی مشکیں سخت اور اِس قدر خستہ حال ہو جاتی تھیں کہ آسانی سے ٹوٹ سکتی تھیں۔ جبکہ نئی مے میں پھیلنے کی خاصیت پائی جاتی تھی۔ جب نئی مے پرانی، سخت اور خستہ حال مشکوں میں انڈیلی جاتی اور یہ پھیلتی تو مشکیں پھٹ جاتیں اور مے بہہ جاتی تھی۔ خداوند یسوع مسیح نے اپنے شاگردوں پر اِس بات کو ظاہر کرنے کیلئے یہ تمثیل استعمال کی کہ اُس کی آمد کے بعد صورتحال اور تقاضے یکسر تبدیل ہو جائیں گے۔ اُنہیں اب پرانے طور طریقوں کے مطابق زندگی نہیں گزارنا تھی اور نہ ہی اُنہیں عہدِ عتیق کی شریعت کا اُن نئے طریقوں پر اطلاق کرنا تھا جن کو خداوند یسوع اُن پر ظاہر کرنے کو

تھا۔ چونکہ مسیح آ چکا ہے' عہدِ عتیق کی شریعت کے مطابق زندگی گزارنا نئی مے پرانی مشکوں میں انڈیلنے کے مترادف ہوگا۔

یہ بات روزِ روشن کی طرح عیاں ہے کہ عہدِ عتیق کی شریعت نے ایک اہم مقصد پورا کیا۔ مسیح خداوند اپنے صلیبی کام کی بنیاد پر ایک اہم تبدیلی کا سبب بنے۔ عہدِ جدید کے ایماندار اب ایک نئی شریعت کے ماتحت ہیں۔
زیرِ نظر کتاب میں ہم مطالعہ کریں گے:
☆ عہدِ عتیق کی شریعت کا مقصد
☆اور یہ کہ کیسے اُس نے مسیح کی طرف ہماری رہنمائی کی۔
ہم اِس کتاب کے مطالعہ سے اس بات کا جائزہ لیں گے کہ کیسے خداوند یسوع مسیح نے عہدِ عتیق کی شریعت کو پورا کیا اور اب خدا ہم سے کیا توقع کرتا ہے۔ میری دُعا ہے کہ اِس کتاب کا مختصر مطالعہ آپ کو اِس بات کا گہرا فہم وادراک بخشے کہ آپ عہدِ عتیق کی شریعت کے مقصد کو سمجھتے ہوئے دورِ جدید میں مسیح کے صلیبی کام کو نگاہِ قدر سے دیکھ سکیں۔

مصنف

باب 1

شریعت کی مہربانی

یہ نہ سمجھو کہ میں توریت یا نبیوں کی کتابوں کو منسوخ کرنے آیا ہوں۔ منسوخ کرنے نہیں بلکہ پورا کرنے آیا ہوں۔ کیوں کہ میں تم سے سچ کہتا ہوں کہ جب تک آسمان اور زمین ٹل نہ جائیں ایک نقطہ یا ایک شوشہ توریت سے ہرگز نہ ٹلے گا، جب تک کہ سب کچھ پورا نہ ہو جائے۔(متی 5:17-18)

جب آپ قانون کے بارے میں سوچتے ہیں تو آپ کا پہلا ردِعمل کیا ہوتا ہے؟ کیا ہمارے دوَر میں قانون ایک ایسا لفظ نہیں جس میں سختی اور منفی مفہوم پایا جاتا ہے؟ بہتوں کے نزدیک قانون معاشرے میں پائی جانے والی خرابی کا جزوِ لازم ہے جس نے گناہ کو پانی کی طرح پی رکھا ہے۔ قانون کا تصورِ آزادی ہمارے فہم وادراک سے قطعی مختلف ہے۔ صبح کے وقت ہم اِس خیال سے دیر تک سوئے رہتے ہیں کہ ہم تیز رفتار ڈرائیونگ کرتے ہوئے اپنے آفس یا کام کی جگہ پہنچ سکتے ہیں۔ اِس خیال سے تاخیر سے پہنچنے کی عادت میں قانون کا کوئی عمل دخل نہیں ہوتا۔ کیا یہ قانون ہی نہیں جس کے وسیلہ سے ہماری انتھک محنت سے کمائی گئی آمدن چھین لی جاتی ہے؟ حکومت کی افسر شاہی اور کرتا دھرتا ضابطہ پرست لوگ جن کو قانون نے ہم پر مسلط کر رکھا ہے' ہماری بھلائی سے زیادہ ہماری ترقی میں رکاوٹ دکھائی دیتے ہیں۔

کئی دفعہ میں نے خود کو ٹریفک کے اُس سرخ اشارے پر کھڑے دیکھا ہے، جہاں سے پیدل چلنے والے سڑک عبور کرتے ہیں۔ جبکہ دونوں اطراف سے کوئی بھی گاڑی نہیں آ رہی ہوتی تھی۔ دوسروں پر توجہ دیئے بغیر سرخ روشنی کو نظر انداز کرتے ہوئے میں نے اپنے آپ سے کہا ''کیوں میں قانون کی تعمیل کرنے کی زحمت اٹھاؤں؟'' بنی نوع انسان پابندیوں اور ضابطوں میں رہنے کی بہ نسبت آزادی کی جستجو میں رہتے ہیں۔ اصول اور قواعد وضوابط تو گویا ہم پر بار ہیں۔ حتیٰ کہ اپنی مسیحی زندگی میں چلتے ہوئے بھی ہم اس بات کو ترجیح دیتے ہیں کہ ہم اُن شرعی تقاضوں سے آزاد زندگی گزاریں جو ہم پر مسلط کئے گئے ہیں۔ اگر چہ ہم اِس بات کو پورے طور پر نہیں سمجھتے تو بھی ہم روح کی رہنمائی

میں چلنے کے تصور سے لطف اندوز ہوتے ہیں۔

ہر وہ شخص جس نے عہدِ عتیق کا مطالعہ کیا ہے اُنہیں شریعت اور اُس کے تقاضوں کے بارے میں معلوم ہے جو خدا نے اپنے لوگوں کے لئے مقرر کئے ہیں۔ تقریباً ہر ایک یہودی اصول وضوابط اور قوانین سے مغلوب نظر آتا تھا۔ اُن قواعد و ضوابط اور اصول وقوانین کے تحت یہ طے شدہ باتیں تھیں کہ کون کس سے شادی کر سکتا ہے۔ لوگوں کو کیا کھانا چاہئے ' کیسے عبادت کرنی چاہئے۔ اور کن لوگوں کے ساتھ انہیں رشتے ناطے قائم کرنے چاہئے۔ یوں لگتا ہے کہ یہودی لوگوں کیلئے ہر کام کے واسطے ایک شریعت موجود تھی۔

کیا قانون معاشرے میں پائی جانے والی خرابی کا لازمی حصہ ہے؟ متی 5:17-اپنے مطالعہ کا آغاز کے لئے ایک اچھا مقام ہے۔ اِن دو آیات میں ہم دیکھتے ہیں کہ خداوند یسوع مسیح نے بنی اسرائیل کو دی جانے والی شریعت کے بارے میں کیا محسوس کیا اور کیا تعلیم دی؟ خداوند یسوع مسیح نے اِن دو آیات میں شریعت کے بارے میں دو اہم نکات بیان کیے۔

سب سے پہلے خداوند یسوع مسیح یہ بتاتے ہیں کہ وہ شریعت کو منسوخ کرنے نہیں آئے۔ اِس سے ہمیں شریعت کے بارے خداوند یسوع مسیح کے روّیہ کے بارے میں علم ہوتا ہے۔ اگر شریعت کی کوئی قدر و قیمت نہ ہوتی تو خداوند یسوع مسیح اُسے ایک بے کار چیز کی مانند رد کرنے میں کوئی جھجک محسوس نہ کرتے۔ لیکن درحقیقت ایسا نہیں تھا۔ خداوند یسوع مسیح ہمیں بتاتے ہیں کہ اُس کے آنے کا مقصد شریعت کو منسوخ نہیں بلکہ اُسے پورا کرنا تھا۔ خداوند یسوع مسیح اِس بیان میں اپنی خدمت کو مختصر بیان کرتے ہیں۔ آئیں کچھ دیر کے لئے لفظ منسوخ اور پورا کرنا پر غور کریں۔

ہم اُس چیز کو منسوخ کرتے ہیں جو نقصان دہ ہوتی ہے۔ مثال کے طور پر شمالی امریکہ میں انیسویں صدی میں غلامی کا دور اختتام کو پہنچا۔ کیوں کہ لوگوں نے اُسے ایک ایسی برائی کے طور پر پہچانا جو انسانی زندگی کی قدر و قیمت کو داغ دار کرتی ہے۔
اِس کے برعکس ہم کہتے ہیں کہ میں نے اِس چیز کو پورا کیا ہے۔ بالخصوص جب ہم نے اپنے ذمہ لیے گئے منصوبہ کے

تمام تقاضے پورے کر دیئے ہوتے ہیں۔ کسی بھی طالب علم یا طالبہ کے لئے گریجوایٹ ہونے سے قبل تمام تعلیمی تقاضے پورے کرنا لازمی اَمر ہے۔

منسوخ اُس چیز کو کیا جاتا ہے جسے بُرا خیال کیا جاتا ہے۔ پورا کرنے سے مراد تمام تقاضے پورے کرتے ہوئے کسی کام کے مقصد کے پیش نظر اُس کو پایۂ تکمیل تک پہنچانا ہے۔

یہودی قوم کو جو شریعت دی گئی تھی خداوند یسوع اُس کو نگاہِ قدر سے دیکھتے تھے اور اُن کے دِل میں اُس کی بڑی قدر و منزلت تھی۔ اِس دنیا میں خداوند یسوع مسیح کے آنے کا مقصد شریعت کو ایک بُری چیز سمجھتے ہوئے منسوخ کرنا نہیں بلکہ اُسے پورا کرنا تھا۔ یعنی اچھی شریعت کے طور پر اُس کے تمام تقاضے ہمیشہ کے لئے پورے کرنا ہی اُن کی آمد کا نصب والعین تھا۔
اَب ہم خداوند یسوع مسیح کے متی 18:5 میں بیان پر غور کریں گے۔

کیوں کہ میں تم سے سچ کہتا ہوں کہ جب تک آسمان اور زمین ٹل نہ جائیں ایک نقطہ یا ایک شوشہ توریت سے ہرگز نہ ٹلے گا، جب تک کہ سب کچھ پورا نہ ہو جائے۔

خداوند یسوع مسیح یہاں پر واضح اور تفصیل سے اِس بات کو عیاں کر رہے ہیں کہ خدا کی شریعت میں کوئی بھی ایسی بات نہیں تھی جسے اُنہوں نے پورا نہیں کرنا تھا۔ خداوند یسوع مسیح اِس بات کے لئے مصمم ارادہ رکھتے تھے کہ وہ شریعت کی ایک ایک بات اور تقاضے یعنی چھوٹے بڑے سب تقاضے پورے کریں گے۔ شریعت کا کوئی بھی ایسا جزو نہیں ہوگا جسے وہ آسمانی باپ کی تسلی کے لئے پورا نہیں کریں گے۔ بلکہ شریعت کا ہر ایک تقاضا پورا ہوگا۔ تمام نکات کا احاطہ کیا جائے گا۔ کوئی کام یا تقاضا ادھورا نہیں چھوڑا جائے گا۔ ہر ایک کام پایۂ تکمیل تک پہنچے گا۔ آسمانی باپ سو فیصد مطمئن ہونگے۔ اِس سے ہمیں شریعت کے بارے میں خداوند یسوع مسیح کے نکتہ نظر کے بارے میں کیا معلوم ہوتا ہے؟ اِس سے ہمیں معلوم ہوتا ہے کہ خداوند یسوع مسیح نے خدا کی شریعت کے تمام نکات کو انتہائی اہم اور لازمی جزو کے طور پر دیکھا۔ خدا کی شریعت بدکار اور بدعنوان معاشرے میں ایک خرابی سے کہیں بڑھ کر تھی۔ یہ بنی نوع انسان کیلئے خدا کے منصوبے کا

ایک جزولازم تھا۔خداوندیسوع مسیح نے ازلی اورابدی باپ کی تسلی کے لئے اپنی زندگی اورموت سے تمام نکات اور ہر ایک تقاضا کو پورا کردیا۔

یہودی قوم کودی جانے والی خدا کی شریعت اچھی تھی۔مسیح نے اُسے بہت زیادہ اہمیت دی۔بنی نوع انسان کیلئے خدا کے منصوبہ میں یہ خاص اہمیت کی حامل تھی۔اگلے چندابواب میں ہم اِسکے مقصدکا جائزہ لیں گے۔

خدا کی شریعت کا مقصد

عہدِعتیق کی شریعت کیوں ضروری تھی؟ خدا نے ایک ایسی قوم کو شریعت کیوں دی جس کے بارے میں وہ جانتا تھا کہ وہ اُس پر عمل پیرا نہ ہوسکیں گے؟ اِس حصہ میں ہم دیکھیں گے کہ بنی نوع انسان کے لئے خدا کے مقصد کے ظاہر ہونے میں عہدِعتیق کی شریعت ایک لازمی قدم تھا۔

باب 2

درست اور غلط کی پہچان

کیونکہ شریعت کے اعمال سے کوئی بشر اُس کے حضور راستباز نہیں ٹھہرے گا۔ اِس لئے کہ شریعت کے وسیلہ سے تو گناہ کی پہچان ہی ہوتی ہے۔(رومیوں 3:20)

کیوں کہ اگر شریعت والے ہی وارث ہوں تو ایمان بے فائدہ رہا اور وعدہ لاحاصل ٹھہرا۔ کیوں کہ شریعت تو غضب پیدا کرتی ہے۔ اور جہاں شریعت نہیں وہاں عدول حکمی بھی نہیں۔(رومیوں 4:14-15)

موت کا ڈنک گناہ ہے۔ اور گناہ کا زور شریعت ہے۔ مگر خدا کا شکر ہے جو ہمارے خداوند یسوع مسیح کے وسیلہ سے ہم کو فتح بخشتا ہے۔(1۔کرنتھیوں 15:56-57)

کیا آپ نے کبھی سوچا ہے کہ شریعت کے بغیر زندگی کیسی ہوتی؟ شریعت کے بغیر لوگ وہی کرتے تھے جو اُنہیں اچھا لگتا تھا۔ ایک لمحہ کیلئے غور کریں کہ اگر لوگوں کو ٹریفک کے قواعد وضوابط کا پابند نہ بنایا جاتا تو آپ کی سڑکوں پر ٹریفک کی صورتحال کیسی ہوتی۔ یا آپ کبھی کسی ایسے چوراہے پر آ کھڑے ہوئے ہیں جس کی ٹریفک لائٹ خراب ہوگئی ہو؟ نتیجہ آپ کے تصور کے مطابق بہت بھیانک ہوگا۔ بے ہنگم ٹریفک کے سبب لوگ بدحواس ہونگے اور چوراہے میں سے بڑی تگ ودَو کے ساتھ راستہ بناتے ہوئے آگے نکلنے کی کوشش کریں گے۔ آپا دھاپی کا ماحول بن جائے گا، جس میں کسی کو کسی کی کوئی پرواہ اور فکر بالکل نہ ہوگی۔ قاضیوں کے دور میں، جب اسرائیل میں کوئی بادشاہ نہیں ہوتا تھا، (بادشاہ شریعت کی نمائندگی کرتا تھا) بائبل مقدس ہمیں بتاتی ہے کہ لوگوں کا طرزِ عمل بالکل ایسا ہی تھا۔

اُن دنوں اسرائیل میں کوئی بادشاہ نہ تھا۔ ہر ایک شخص جو کچھ اُس کی نظر میں اچھا معلوم ہوتا تھا وہی کرتا تھا۔

(قضاۃ 21:25)

پرانی مشکلیں اور نئی مے

کسی قانون یا شریعت کے بغیر درست اور غلط کی کوئی پہچان نہیں ہوتی بلکہ افراتفری اور ابتری کا ماحول پیدا ہو جاتا ہے۔حتیٰ کہ پولیس کی نفری بھی اُن لوگوں کو سنبھالنے کے لئے ناکافی ہوتی ہے جو موجودہ قوانین کو نظرانداز کرتے ہیں۔سوال یہ پیدا ہوتا ہے کہ اگر درست اور غلط روّیوں کی تشریح اور وضاحت کے لئے کوئی قانون نہ ہوتا تو پھر کیا ہوتا؟

دورِ جدید میں اخلاقیات کی صورتحال کے پیشِ نظر ہم نے دیکھا ہے کہ حالیہ سالوں میں جیسے جیسے قوانین نے ہم جنس پرستی' اسقاطِ حمل اور فحش نگاری کو تھوڑی ڈھیل دی ہے تو اِن کے منفی اثرات ہمارے معاشرے میں بہت حد تک بڑھ گئے ہیں۔اِس سے ظاہر ہوتا ہے کہ قانون لوگوں پر اپنا اثر و رسوخ رکھتا ہے۔قانون ہمارے ذہنوں میں درست اور غلط کا شعور اجاگر کرتا ہے۔ہمیں اِس لئے پتہ چل جاتا ہے کہ فلاں کام غلط ہے کیوں کہ اُس کے خلاف ایک قانون یا ضابطہ مقرر ہوتا ہے۔

مقدس پولس رسول رومیوں 20:3 میں، روم میں موجود ایمانداروں کو یہی بتا رہے تھے کہ شریعت کے وسیلہ سے تو گناہ کی پہچان ہی ہوتی ہے۔پرانے عہدنامہ میں خدا کی شریعت کا ایک مقصد لوگوں کو گناہ کے بارے شعور بخشنا تھا۔خدا کی شریعت نے لوگوں پر یہ ظاہر کیا کہ خدا اپنے لوگوں سے کیا توقع کرتا ہے اور یہ کہ درست اور غلط روّیوں کے بارے میں اُس کی سوچ کیا ہے۔

مقدس پولس رسول نے رومیوں 15:4 میں، روم کے ایمانداروں کو یہ بتایا کہ ''جہاں شریعت نہیں وہاں گناہ بھی محسوب نہیں ہوتا۔'' بالفاظ دیگر جہاں شریعت نہیں وہاں ہم من مرضی کرنے کیلئے آزاد ہوتے ہیں۔پس خدا کی شریعت ایک طے شدہ معیار ہے جس کے عین مطابق خدا اپنے لوگوں سے زندگی بسر کرنے کی توقع کرتا ہے۔

1۔کرنتھیوں 56:15 میں، پولس رسول مزید بیان کرتے ہیں۔''گناہ کا زور شریعت ہے۔'' جہاں شریعت ہوتی ہے، وہاں گناہ بھی عیاں ہو جاتا ہے۔شمالی امریکہ جہاں میری موجودہ رہائش ہے۔تقریباً پچاس سال پہلے ازدواج کے بندھن کے بغیر جنسی تعلقات ناپاک اور مکروہ فعل سمجھے جاتے تھے۔اب چونکہ ہم بائبل مقدس کی تعلیم سے بھٹک گئے ہیں' اب ہمارا معاشرہ ازدواجی بندھن کے بغیر جنسی تعلقات استوار کرنے میں قطعاً کوئی شرم اور جھجک محسوس

نہیں کرتا۔ جو کچھ ہم ٹیلی ویژن پر دیکھتے اور خبر نامہ میں سنتے ہیں اِس سے ہمیں کچھ خوف نہیں آتا۔ اب ہم اپنی شراب وکباب کی محفلوں کے بارے میں بڑی دیدہ دلیری اور شیخی سے باتیں کرتے اور اپنی بدفعلیوں اور بدکاریوں پر بغیر شرم محسوس کئے بات چیت کرتے ہیں۔ ایسا کیوں ہے؟ اس لئے کہ اَب ہم گناہ کو خدا کی شریعت کی روشنی میں نہیں دیکھتے۔ اَب ہم نے اپنی روزمرہ زندگی اور معاشرے میں نام ومقام پیدا کرنے کیلئے اپنے معیار اور طریقہ کار وضع کر لیے ہیں۔

جب ہم خدا کی شریعت کی ہدایت اور روشنی میں اپنے معاشرے کو دیکھتے ہیں تو تب ہی ہمیں اِس کی اصل تصویر دیکھنے کو ملتی ہے۔ ہم گناہ کو اُس کی تمام مکروہیت میں دیکھتے ہیں۔ خدا کی شریعت ہمیں سیاق وسباق کے ساتھ ایک ایسا طریقۂ کار مہیا کرتی ہے جس سے ہم درست اور غلط میں امتیاز کر سکتے ہیں۔ عہدِ عتیق میں خدا کی شریعت کا اولین مقصد اپنے لوگوں کو دُرست اور غلط کے بارے میں آگاہی اور شعور دینا تھا۔ اور اُن پر اِس بات کو عیاں کرنا تھا کہ خدا اپنے لوگوں سے بطور اپنی قوم کیا توقع کرتا ہے۔

باب 3

خدا کے حضور جوابدہی

اب ہم جانتے ہیں کہ شریعت جو کچھ کہتی ہے اُن سے کہتی ہے جو شریعت کے ماتحت ہیں تا کہ ہر ایک کا منہ بند ہو جائے اور ساری دنیا خدا کے نزدیک سزا کے لائق ٹھہرے۔(رومیوں3:19)

کیوں کہ شریعت کے دیئے جانے تک دنیا میں گناہ تو تھا مگر جہاں شریعت نہیں وہاں گناہ محسوب نہیں ہوتا۔ (رومیوں5:13)

قانون کے بغیر لوگ اپنی من مانی کرنے کے لئے آزاد ہوتے ہیں۔کوئی حدود و قیود نہیں ہوتیں۔قانون اخلاقی اور قانونی ضابطے پیدا کرتا اور ہم سے ہمارے اعمال و افعال کے بارے میں جوابدہی کرتا ہے۔

قانون کے پیشِ نظر لوگوں کو اپنے کاروبار کے تعلق سے ایک خاص دستور العمل اور ضابطہ اپنانا پڑتا ہے۔کاروبار کرنے والے خواتین و حضرات قانون کے سامنے اپنی کاروباری سرگرمیوں اور فرائض کے بارے میں جوابدہ ہوتے ہیں۔ ٹریفک قوانین ہمیں اِس بات کے لئے جوابدہ بناتے ہیں کہ ہم اپنی گاڑی کس طرح چلاتے ہیں۔قانون ہمیں مجبور کرتا ہے کہ ہم اپنے اعمال و افعال کے بارے میں دوسروں کو جوابدہ ہوں۔کسی بھی طرح کی قانونی خلاف ورزی ہمیں صاحبِ اختیار لوگوں کے سامنے جوابدہ بناتی ہے اور ہم اپنی نافرمانیوں کے نتائج کا خمیازہ بھگتتے ہیں۔

ہمارے ملکی قوانین ہم سے تقاضا کرتے ہیں کہ ہم اس بات کیلئے جوابدہ ہوں کہ ہم اپنے ہمسایوں کے ساتھ کیسا برتاؤ کرتے ہیں، ہم اپنی گاڑی کیسے چلاتے اور یہ کہ ہم دوسروں کی املاک و جائیداد اور حقوق العباد کا کتنا احترام کرتے ہیں ۔قوانین ہمیں اِس بات کا ذمہ دار ٹھہراتے ہیں کہ ہم نے اپنے روپے پیسے کو کس طرح استعمال کرنا ہے۔ ہمارا روّیہ

اپنے بچوں اور شریکِ حیات کے ساتھ کیسا ہے۔ قانون ہمیں مجبور کرتا ہے کہ ہم اپنے روّیہ کے تعلق سے ایک مخصوص نمونہ اپنائیں جو کہ مجموعی طور پر معاشرے کی فلاح و بہبود کے لئے ہو۔

رومیوں 19:3 میں پولس رسول بتاتے ہیں کہ شریعت اِس لئے دی گئی تا کہ دنیا خدا کے سامنے سزا کے لائق ٹھہرے۔ (جوابدہ ہو) یونانی کا وہ لفظ جس کا ترجمہ جوابدہ کیا گیا ہے اُسکا معنی ہے مقروض' قرضدار یا ایسا شخص جو کسی کی تسلی کا مقروض ہو۔ خدا کی دی ہوئی شریعت نے لوگوں کو خدا کا مقروض کر دیا ہے۔ پچھلے باب میں ہم نے دیکھا کہ شریعت نے ہمیں درست اور غلط کا شعور بخشا ہے۔ شریعت نے اِس سے بڑھ کر کیا۔ شریعت نے خدا کے لوگوں کو ایک ذمہ داری کے ماتحت کر دیا۔ خدا کی شریعت نے بنی اسرائیل کو اُن کے طرزِ زندگی کے بارے میں جوابدہی کے ماتحت کر دیا۔ شریعت نے اُن کے سامنے ایک معیار مقرر کر دیا اور پھر فردِ واحد سے اُس معیار کی خلاف ورزی کیلئے شخصی جوابدہی کا تقاضا کیا۔

آپ کے پاس یہ انتخاب نہیں کہ آپ شریعت کو پسند یا ناپسند کریں یا اُس کے ساتھ متفق یا غیر متفق ہوں۔ بہت سے ایسے قوانین ہیں جنہیں ہم قطعاً پسند نہیں کرتے۔ لیکن چار و ناچار ہمیں اُن کی پابندی اور پاسداری کرنا ہی پڑتی ہے۔ خدا نے بطور خالق و مالک کچھ ایسے معیار اور ضابطے مقرر کر دیئے ہیں جن کے تحت اُس کی دنیا کا نظام رواں دواں ہے۔ وہ اپنی شریعت کے بارے اور کسی بھی قسم کی نافرمانی کی صورت میں ہم سے جوابدہی کرے گا۔ ہمارے معاشرے کا اَلمیہ یہ ہے کہ انسانوں کا تشکیل دیا گیا نظامِ حکومت کبھی بھی خدا کے ساتھ متفق نہیں ہوتا۔ ہمارے ملکوں میں وضع کیے گئے قوانین ہمیشہ اُن قوانین اور قواعد و ضوابط سے بالکل متضاد ہوتے ہیں جو خدا نے اپنے کلام میں درج کروائے ہیں۔ چونکہ خدا ہی خالق و مالک ہے، اِس لئے اُس کے پاس ہی درست اور غلط کا حتمی فیصلہ ہے، اور وہ ہی ہمارے افعال و اعمال کے بارے میں ہم سے جوابدہی کرے گا۔ حتیٰ کہ اگر ہمارا معاشرہ کسی غلط کام کو جائز قرار دے کر اُس کو کرنے کی اجازت دے بھی دے، (جبکہ وہ خدا کے کلام کے خلاف ہو) تو اِس صورت میں بھی ہم خدا کے حضور جواب دہ ہوں گے۔

سچ پوچھیں، کئی دفعہ تو مجھے بھی مکمل طور پر اِس بات کی سمجھ نہیں آتی کہ کیوں خدا نے بعض کاموں کو غلط قرار دیا ہے۔

درحقیقت یہ انسان کی ذمہ داری نہیں کہ وہ درست اور غلط کا تعین کرے۔ خدا کا اپنا ایک معیار ہے جس کے تحت وہ اپنی اِس کائنات کا نظام چلانا چاہتا ہے۔ خواہ میں اُس معیار کو سمجھوں یا نہ سمجھوں۔ پھر بھی میں اُس کے معیار کی پیروی کے لئے جوابدہ ہوں۔

پولس رسول نے رومیوں 13:5 میں اپنے قارئین کو بتایا کہ شریعت سے پہلے گناہ محسوب نہیں ہوتا تھا۔ اِس آیت کو سلیس انداز میں یوں بیان کیا جا سکتا ہے کہ شریعت دیئے جانے سے قبل لوگوں کو خدا کے حضور اپنی ذمہ داری کا کوئی احساس نہیں ہوتا تھا۔ وہ اپنی زندگی من چاہے معیار کے مطابق گزارتے تھے۔ کیوں کہ اُنہیں خدا اور نہ ہی اُس کے قوانین اور معیار کے تعلق سے کوئی فکر ہوتی تھی۔ وہ اپنے گناہ کو خاطر میں نہ لاتے تھے اور انہیں اِس بات کا احساس تک نہ تھا کہ وہ اپنے افعال اور اعمال کے بارے میں خدا کے حضور جوابدہ ہوں گے۔

شریعت کے آنے سے لوگوں کو اِس بات کا احساس ہوا کہ اُن پر یہ ذِمہ داری عائد ہوتی ہے کہ وہ اپنے خالق کے حضور ایک مخصوص طرزِ زندگی اپنائیں۔ شریعت نے پہلی دفعہ اُن پر یہ ظاہر کیا کہ وہ اپنے طرزِ زندگی کے بارے میں خدا کے حضور جوابدہ ہونگے۔

عہدِ عتیق میں خدا کی شریعت ہمیں اِس لیے دی گئی تھی کہ ہم پر یہ بات عیاں ہو جائے کہ ہم خدا کی مخلوق ہوتے ہوئے اپنے طرزِ زندگی کے بارے میں خدا کے حضور جواب دہ ہونگے۔ خدا کی شریعت نے اُس کے لوگوں کو اُس کے اختیار کے ماتحت کر دیا اور اُن سے اِس کے مقاصد کی روشنی میں زندگی بسر کرنے کے بارے میں جوابدہی کا تقاضا کیا۔

باب 4

ضرورت کا مکاشفہ

مگر اسرائیل جو راستبازی کی شریعت کی تلاش کرتا تھا اُس شریعت تک نہ پہنچا۔(رومیوں 31:9)

کیوں کہ جس نے ساری شریعت پر عمل کیا اور ایک ہی بات میں خطا کی وہ سب باتوں میں قصوروار ٹھہرا۔
(یعقوب 10:2)

دیکھ میں نے بدی میں صورت پکڑی اور میں گناہ کی حالت میں ماں کے پیٹ میں پڑا۔ (زبور 5:51)

ہم یہ دیکھ چکے ہیں کہ خدا کی شریعت ہمیں درست اور غلط کے بارے میں شعور اور آگاہی دیتی ہے اور ہم پر عیاں کرتی ہے کہ ہم خدا کے حضور اپنے اعمال وافعال کے لئے جوابدہ ہیں۔ یہاں اِس باب میں ہم عہدِ عتیق میں دی جانے والی شریعت کے ایک اور اہم مقصد کو دیکھیں گے۔اور وہ یہ کہ اُس کا مقصد ہم پر ہماری ضرورت کو آشکارا کرنا تھا۔

پرانے عہد نامہ میں جو لوگ شریعت کے ماتحت زندگی گزارتے تھے، اُنہیں معلوم تھا کہ وہ خدا کی خوشنودی حاصل نہیں کر سکتے۔ اِس کی دو بڑی وجوہات درج ذیل ہیں۔

اول: خدا کی مکمل خوشنودی حاصل کرنے کیلئے کامل طور پر بلا تقصیر خدا کی شریعت کی تعمیل کرنا لازم تھا۔ یعقوب 10:2 میں رسول نے لکھا۔
کیوں کہ جس نے ساری شریعت پر عمل کیا اور ایک ہی بات میں خطا کی وہ سب باتوں میں قصوروار ٹھہرا۔
(یعقوب 10:2)

یہ بہت اہم بیان ہے۔ یہ ہمیں بتاتا ہے کہ اگر ہم شریعت کے کسی چھوٹے سے چھوٹے نقطہ کی حکم عدولی کر دیں تو ہم خدا کے حضور مجرم ٹھہرتے ہیں۔ ذرا تصور کریں، کہ آپ عمر بھر صحت منداور تندرست وتوانا رہے ہیں۔ ایک روز اچانک آپ کسی مہلک بیماری کا شکار ہو جائیں۔ ساری عمر تندرست اور صحت مندر ہنے کی حقیقت اِس بیماری کی حالت میں کوئی اہمیت نہیں رکھتی۔ حقیقت اور سچائی تو یہ ہے کہ آپ اِس وقت اِس مہلک بیماری کی وجہ سے قریب المرگ ہیں۔ ہو سکتا ہے کہ وہ جراثیم جو اِس بیماری کا باعث بنا ہے اِس قدر چھوٹا ہو کہ آپ کو خوردبین سے دیکھنا پڑے۔ لیکن یہ جراثیم خواہ کتنا ہی چھوٹا کیوں نہ ہو، آپ سے زندگی چھین رہا ہے۔ گناہ کا بھی یہی معاملہ اور حقیقت ہے۔ ایک چھوٹا سا گناہ بھی ہمیں خدا کے حضور مجرم ٹھہرانے کیلئے کافی ہوتا ہے۔

یعقوب رسول 10:2 میں ہمیں یہی بتاتے ہیں کہ اگر ہم خدا کی شریعت کے کسی ایک چھوٹے سے حکم کی تعمیل نہ کر پائے تو ہم مجرم ٹھہریں گے۔ اِس سے کچھ فرق نہیں پڑتا کہ شریعت کا وہ حکم کس قدر چھوٹا معلوم ہوتا ہو۔ اگر آپ نے اُس کی تابعداری نہ کی تو آپ خدا کے حضور مجرم ٹھہریں گے۔ اور آپ کو خدا کی عدالت کا سامنا کرنا پڑے گا۔ ہم میں سے کون ہے جو یہ کہہ سکے کہ میں نے کامل طور پر شریعت پر عمل کیا ہے؟

دوم: دوسری وجہ کہ کیوں پرانے عہد نامہ کی شریعت کے تحت زندگی بسر کرنے والوں کے لئے خدا کی خوشنودی حاصل کرنا ممکن نہ تھا۔ اِس کی وجہ یہ تھی کہ وہ سب گناہ آلودہ فطرت کے ساتھ پیدا ہوئے تھے۔ غور سے دیکھیں کہ زبورنویس کیا کہتا ہے۔

دیکھ میں نے بدی میں صورت پکڑی اور میں گناہ کی حالت میں ماں کے پیٹ میں پڑا۔ (زبور 5:51)

کیا آپ نے اِس بات پر غور کیا ہے کہ آپ کو کسی چھوٹے بچے کو یہ سکھانا نہیں پڑتا کہ اُس نے کیسے گناہ کرنا ہے۔ یہ فطری طور پر اُس کے کردار اور زندگی کا حصہ ہوتا ہے۔ آپ کو قطعاً بچے کو یہ سکھانا نہیں پڑتا کہ وہ کیسے خودغرض بنے یا کیسے جھوٹ بولے۔ آپ کو بچوں کو یہ سکھانا پڑتا ہے کہ اُنہوں نے کیسے نیکی اور بھلائی کی طرف راغب ہونا ہے۔ کیوں کہ برائی تو فطری طور پر اُن کے کردار کا خاصہ ہوتی ہے۔

یہ ساری باتیں بہت اہم ہیں۔ اِس سے ہمیں معلوم ہوتا ہے کہ کوئی بھی شخص کبھی بھی مکمل طور پر خدا کی شریعت پر عمل پیرا

نہیں ہو سکا۔ہم میں سے ہر ایک نے کسی نہ کسی وقت شریعت کی نافرمانی کی ہے۔ہم سب خدا کے حضور مجرم ٹھہرے اور اُس کی عدالت کے نیچے ہیں۔ اِس سے پہلے کہ ہمیں درست اور غلط میں امتیاز کر پاتے ،ہم سب گناہ گار اور خدا کے حضور سزاوار تھے۔

شریعت کے تعلق سے ایک بات یقینی ہے اور وہ یہ کہ شریعت درست کام کرنے میں ہماری قطعاً کوئی مدد نہیں کرتی بلکہ ہمیں درُست کاموں کے بارے میں علم بخشتی ہے۔ کسی بھی ملک کا قانون کسی نوجوان کو یہ تو بتا سکتا ہے کہ شراب نوشی کی حالت میں گاڑی چلانا خطرے سے خالی نہیں ہے،لیکن یہ علم اُس کے دِل میں موجود آزمائش پر غالب آنے میں اُس کی کوئی مدد نہیں کرسکتا۔خدا کی شریعت نے ہر ایک مرد وزن کو یہ بتا دیا کہ انہیں زناکاری نہیں کرنی ۔لیکن آزمائش آنے کی صورت میں یہ علم گناہ پر غالب آنے کیلئے اُن کی کوئی مدد نہ کرسکا۔

خدا کی شریعت کے دیئے جانے کا مقصد خدا کے معیار کو ہم پر ظاہر کرنا تھا۔ یوں ہم اس بات کے پابند ہوگئے کہ ہم نے اُس کے مقصد کی پیروی کرنی ہے اور جو لوگ اُس کی تعمیل کرنے میں ناکام رہے انہیں سزا ملی۔کوئی ایک بھی شخص ایسا نہیں تھا جو کامل طور پر خدا کے تمام تقاضے پورے کرسکتا اور وہ سب اُس کی عدالت کے زیرِ تاب آگئے۔مقدس پولس رسول اس صورتِ حال کو اِن الفاظ میں بیان کرتے ہیں۔

چنانچہ لکھا ہے کہ کوئی راستباز نہیں ۔ایک بھی نہیں۔کوئی سمجھ دار نہیں۔کوئی خدا کا طالب نہیں۔سب گمراہ ہیں۔سب کے سب نکمے بن گئے۔کوئی بھلائی کرنے والا نہیں۔ایک بھی نہیں۔(رومیوں 3:10-12)

خدا کے تقاضے ہماری دسترس سے باہر تھے۔جب کوئی چیز ہماری دسترس سے بہت دور ہوتی ہے تو پھر ہم کیا کرتے ہیں؟ اُس کے تین ممکنہ جوابات ہیں۔اول۔ ہم ہٹ دھرمی سے اُس بات پر ڈٹے رہتے ہیں۔دوم۔ ہم دستبردار ہوجاتے ہیں۔سوم۔ یا پھر ہم اپنے ہدف تک پہنچنے کے لیے کوئی اور طریقہ کار ڈھونڈ لیتے ہیں۔

درج بالا تین باتوں میں سے یہودی پہلے نمبر پر تھے۔مقدس پولس رسول رومیوں 2:10 میں بتاتے ہیں کہ یہودی

لوگ خدا کے لئے بڑی غیرت رکھنے والے تھے۔ لیکن مسئلہ صرف یہ تھا کہ اُنہوں نے شریعت کی تابعداری سے خدا کو خوش کرنے کی کوشش کی۔ اور اُنہیں اِس بات کا احساس ہی نہ ہوا کہ ایسا کرنا اُنکے بس کی بات نہیں ہے۔ تصور کریں کہ ایک قاتل محض اس بنا پر عدالت سے بچنے کی کوشش کر رہا ہو کہ اُس نے کبھی اپنے ہمسایہ کی ضرورت کے وقت مدد کی تھی۔ یہ حقیقت کہ اُس نے کبھی اپنے ہمسایہ کی مدد کی تھی اُس جرم کو دور نہیں کر سکتی جس کیلئے اُس پر مقدمہ چل رہا ہے۔ لگ بھگ اِسی طرح سے عہدِ عتیق کے یہودی لوگ خدا کی عدالت سے بچنے کی کوشش کر رہے تھے۔ اُن کا خیال تھا کہ اگر وہ زیادہ نیک اعمال کریں گے، تو خدا اُن کی بداعمالیوں کو بھول جائے گا۔ لیکن خدا کسی ایسے اصول یا طریقہ کار کے تحت کسی کی عدالت نہیں کرتا۔ جیسا کہ یعقوب رسول بیان کرتے ہیں۔ "کیوں کہ جس نے ساری شریعت پر عمل کیا اور ایک ہی بات میں خطا کی وہ سب باتوں میں قصوروار ٹھہرا۔"

تصور کریں کہ ایک بھوکا لڑکا اپنی پہنچ سے دور اُس مرتبان کی طرف حسرت بھری نگاہوں سے دیکھ رہا ہے، جس میں کھانے والی مختلف قسم کی اشیاء موجود ہیں۔ اُس نے اُس مرتبان تک پہنچنے کی ہر ممکن کوشش کی ہے۔ لیکن یہ اُس کی پہنچ سے بہت دور ہے۔ حتیٰ کہ ایک اونچی کرسی پر کھڑے ہو کر بھی اُس نے اُس مرتبان تک پہنچنے کی کوشش کی ہے۔ لیکن لاحاصل۔ اُس کی تمام تر کاوشیں اُس مرتبان تک پہنچنے میں اُس کی کوئی مدد نہ کر سکیں۔ یہ خدا کی شریعت کی تصویر ہے۔ یہ ہمیشہ سے خدا کے لوگوں کی دسترس سے بہت دُور رہی ہے۔

ہم نے تاریخ کلیسیا میں شروع سے آخر تک دیکھ لیا ہے کہ لوگوں نے خدا کی قائم کردہ شریعت تک پہنچنے کی کاوش میں کیا کچھ کیا ہے۔ بعض لوگ تنہائیوں' غاروں' پہاڑوں' خانقاہوں میں بسیرا کیئے رہے۔ بعض کسی بُرے کام کے سرزد ہو جانے پر خود کو مارتے رہے۔ بعضوں نے غربت کی زندگی گزارنے کو ترجیح دی اور بعض اپنے ایمان اور عقیدہ کی خاطر زندگی سے ہاتھ دھو بیٹھے۔ بہت سی مثالیں ایسی ہیں جن میں جوش میں جذبہ کی کمی نہ تھی۔ کھانے والی چیزوں سے بھرے مرتبان سے دور نیچے کھڑے ہوئے لڑکے میں جوش و جذبہ کی کمی نہ تھی۔ عہدِ عتیق کے لوگوں پر قطعاً یہ الزام نہیں لگایا جا سکتا کہ اُن میں جوش و جذبہ کی کمی تھی۔ تاہم اُن کا جذبہ اور تڑپ اُنہیں خدا کے قریب لانے سے قاصر رہا۔ انسانی فطرت خواہ کتنی بھی مہذب کیوں نہ ہو، خدا کے مطلوبہ تقاضا اور معیار تک نہیں پہنچ سکتی۔ ہم میں سے کسی نے بھی کبھی کامل زندگی بسر نہیں کی۔

یہودی لوگ ہٹ دھرمی سے خدا کے معیار تک پہنچنے کے لئے اپنی کاوشوں میں لگے رہے۔لیکن اُنہیں مطلق کامیابی حاصل نہ ہوئی۔تاریخ میں کچھ ایسے لوگ بھی ہوگزرے ہیں جو بے دِل ہوگئے اور اُنہوں نے اِس بات پر اپنا ایمان پختہ کرلیا کہ خدا کے ساتھ باہمی رشتہ ناممکن ہے۔یہ دو متبادل ہی محض حتمی متبادل نہیں ہیں۔جیسا کہ ہم نے پہلے بھی دیکھا ہے کہ ایک تیسرا متبادل بھی ہے۔

جب ایک بچہ کھانے والی چیزوں کے مرتبان تک نہیں پہنچ سکتا تو پھر وہ کیا کرتا ہے؟ کیا وہ کسی بڑے سے درخواست نہیں کرتا کہ وہ اُس پر یہ مہربانی اور عنایت کردے؟ خدا کی شریعت بھی کچھ ایسا ہی کرنے کی لئے دی گئی تھی۔خدا کی شریعت نے لوگوں کو اِس بات کا علم اور احساس دیا کہ وہ اپنی نااہلیت کو سمجھیں۔اُنہیں چیلنج دیا کہ وہ کسی اور کو مدد کیلئے پکاریں۔شریعت ہماری ضرورت کو ہم پر عیاں کرنے کیلئے دی گئی تھی۔

باب 5

آنے والی چیزوں کا عکس

کیوں کہ شریعت جس میں آیندہ کی اچھی چیزوں کا عکس ہے اور اُن چیزوں کی اصلی صورت نہیں اُن ایک ہی طرح کی قربانیوں سے جو ہر سال بلا ناغہ گزرانی جاتی ہیں، پاس آنے والوں کو ہرگز کامل نہیں کر سکتیں۔ ورنہ اُن کا گزرانا موقوف نہ ہو جاتا۔ کیوں کہ جب عبادت کرنے والے ایک بار پاک ہو جاتے ہیں تو پھر اُن کا دِل اُنہیں گناہ گار نہ ٹھہراتا۔ بلکہ وہ قربانیاں سال بہ سال گناہوں کو یاد دلاتی ہیں۔ (عبرانیوں 10:1-3)

اب تک ہم نے یہ سیکھا ہے کہ کس طرح عہدِ عتیق میں خدا کی شریعت نے لوگوں کو درست اور غلط کے درمیان امتیاز بخشا۔ شریعت نے اُنہیں خدا کے حضور جوابدہ کر دیا اور اُن پر اُن کی ضرورت کو عیاں کر دیا۔ اِس باب میں ہم دیکھیں گے کہ شریعت نے نہ صرف اُن کی ضرورت کو اُن پر عیاں کیا بلکہ اِس ضرورت اور مسئلے کے حل کی طرف بھی اُن کی رہنمائی کی۔

عبرانیوں کی کلیسیا کے نام لکھا گیا خط اِس بات کو سمجھنے میں بہت مفید اور معاون ثابت ہوتا ہے کہ کیسے شریعت نے خدا کے لوگوں کے بنیادی مسئلہ کے حل کی طرف اُن کی راہنمائی کی۔ مذکورہ حوالہ ہمیں بتاتا ہے کہ خدا کی شریعت آنے والی چیزوں کا عکس تھی۔ ایک سایہ اصل چیز نہیں ہوتا۔ تاہم ہمیں سایہ سے معلوم ہو جاتا ہے کہ اصل چیز کہیں قریب ہی ہے۔ اِس سے ہمیں اِس بات کا اندازہ بھی ہو جاتا ہے کہ اصل چیز کیسی ہوگی۔ یہی کام خدا کی شریعت نے سرانجام دیا۔

خدا کی شریعت میں تمام اقسام کی تصاویر شامل تھیں کہ خدا گناہ کے مسئلہ کے حل کے لئے کیا کرے گا۔ آئیں مختصر طور پر دریافت کریں کہ کس طرح عبرانیوں کی کلیسیا کے نام لکھا گیا خط اِس بات کو منکشف کرتا ہے کہ کیسے شریعت نے اپنے لوگوں کی یسوع مسیح کی شخصیت کی طرف رہنمائی کی کہ وہی گناہ اور عدالت سے بچنے کے لئے مسئلہ کا واحد حل ہے۔

موسیٰ تو اُس کے سارے گھر میں خادم کی طرح دیانتدار رہا، تاکہ آیندہ بیان ہونے والی باتوں کی گواہی دے۔ لیکن مسیح بیٹے کی طرح اُس کے گھر کا مختار ہے۔ اور اُس کا گھر ہم ہیں۔ بشرطیکہ اپنی دلیری اور اُمید کا فخر آخر تک مضبوطی سے قائم رکھیں۔ (عبرانیوں 3:5-6)

شریعت دینے میں موسیٰ کا کردار عبرانیوں 3:5 کے مطابق تھا ''کہ آیندہ بیان ہونے والی باتوں کی گواہی دے'' باالفاظ دیگر بطور شریعت دینے والے کے موسیٰ کی ذمہ داری لوگوں کی مستقبل میں ہونے والے کام کی طرف رہنمائی کرنا تھی۔ موسیٰ کی معرفت دی جانے والی شریعت مستقبل میں ایک بڑے کام کی منتظر تھی جو وقوع پذیر ہونے کو تھا۔

جب ہم عبرانیوں کے چوتھے باب کی طرف بڑھتے ہیں تو مصنف یہودی سبت کی شریعت کا ذکر کرتا ہے۔ سبت کی شریعت تمام یہودیوں سے تقاضا کرتی تھی کہ وہ کام کاج بند کریں اور سارا دن گھیان دھیان عبادت اور آرام میں گزاریں۔ یہ وہ وقت ہوتا تھا جب خدا کے لوگوں کو اُس کی حضوری کے اطمینان اور خاموشی میں وقت گزارنا ہوتا تھا۔

عبرانیوں 4:2 میں خدا کا کلام ہمیں بتاتا ہے کہ یہودی قوم نے سبت کے حقیقی معنوں کو غلط سمجھا کیوں کہ اُنہوں نے اپنے اعمال کو ایمان کے ساتھ یکجانہ کیا جس کی سبت نمائندگی کرتا تھا۔ عبرانیوں 4:2 کے مطابق سبت انجیل کا پیغام تھا۔

پس جب اُس کے آرام میں داخل ہونے کا وعدہ باقی ہے، تو ہمیں ڈرنا چاہئے۔ ایسا نہ ہو کہ تم میں سے کوئی رہا ہوا معلوم ہو۔ کیوں کہ ہمیں بھی اُن ہی کی طرح خوشخبری سنائی گئی۔ لیکن سنے ہوئے کلام نے اُن کو اِس لئے کچھ فائدہ نہ دیا کہ سننے والوں کے دِل میں ایمان کے ساتھ نہ بیٹھا۔

سبت کی شریعت میں نجات اور اُس آرام کے بارے میں ایک پیغام پنہاں ہے۔ جو خدا نے اپنے لوگوں کو خداوند یسوع مسیح کی خوشخبری اور صلیب پر اُس کی قربانی کے وسیلہ سے دے دیا ہے۔

عبرانیوں 4:6,9-10 میں خدا کا کلام ہمیں بتاتا ہے کہ اُس وقت جب سبت کو منایا جاتا تھا اُس وقت بھی خدا کے

لوگوں کیلئے ایک بڑا آرام باقی تھا۔

پس جب یہ بات باقی ہے کہ بعض اُس آرام میں داخل ہوں اور جن کو پہلے خوشخبری سنائی گئی تھی وہ نافرمانی کے سبب سے داخل نہ ہوئے۔ (عبرانیوں 6:4)

پس خدا کی اُمت کے لئے سبت کا آرام باقی ہے۔ کیوں کہ جو اُس کے آرام میں داخل ہوا۔ اُس نے بھی خدا کی طرح اپنے کاموں کو پورا کر کے آرام کیا۔ (عبرانیوں 4:9-10)

یہ وعدہ شدہ سبت کا آرام اُس سبت کی طرح نہیں تھا جسے یہودی لوگ مناتے تھے۔ وہ لوگ جنہوں نے سبت کے آرام کا تجربہ کیا تھا، خدا کی حضوری میں پہنچائے گئے جہاں اُنہوں نے کامل اطمینان، سکون و آرام اور عبادت کو سمجھا۔ اور یہ سبت کی شریعت آنے والی چیزوں کا عکس تھا۔ جن لوگوں نے خداوند یسوع مسیح کو بطور نجات دہندہ قبول کیا ہے، وہ اُس آرام کو سمجھتے ہیں جس کی پرانے عہدنامہ کا سبت بات کرتا ہے۔ یہ اُسی وقت ممکن ہے جب خدا کے ساتھ ہمارا رشتہ یقینی ہوتا ہے تاکہ ہم اُس اطمینان اور سکون و آرام کا تجربہ کر سکیں جس کے بارے میں سبت نے پہلے ہی بتا دیا تھا۔ یہ گناہ کی غلامی اور بوجھ سے مخلصی اور آرام تھا۔ آرام کا تجربہ ہماری روزمرہ زندگی کا حصہ ہو سکتا ہے۔ سبت کی شریعت اُس دن کی طرف اشارہ تھا جب خداوند یسوع مسیح کے صلیبی کام کے وسیلہ سے ایمان لانے والوں نے ایک بڑے آرام کا تجربہ کرنا تھا۔

عبرانیوں 4-8 ابواب عہدِ عتیق کے سردار کاہنوں کے بارے میں بات کرتے ہیں جو شریعت کی انجام دہی کیلئے خادم کے طور پر کام کرتے تھے۔ اُن سردار کاہنوں نے پوری وفاداری سے خدا کی شریعت کے تقاضے پورے کیے۔ لیکن وہ خود گناہ گار تھے اور اُنہیں معافی کی ضرورت تھی۔ کیوں کہ ہر سردار کاہن آدمیوں میں سے منتخب ہو کر آدمیوں ہی کے لئے اُن باتوں کے واسطے مقرر کیا جاتا ہے جو خدا سے علاقہ رکھتی ہیں۔ تاکہ نذریں اور گناہوں کی قربانیاں گزرانیں۔ اور وہ نادانوں اور گمراہوں سے نرمی سے پیش آنے کے قابل ہوتا ہے۔ اِس لئے کہ وہ خود بھی کمزوری میں مبتلا رہتا ہے۔ اور اِسی سبب سے اُس پر فرض ہے کہ گناہوں کی قربانی جس طرح اُمت کی طرف سے گزرانے اُسی طرح اپنی

طرف سے بھی چڑھائے۔(عبرانیوں5:1-3)

پرانے عہد نامہ کے سردار کاہن وقتی طور پر خدا کے غضب کو ٹھنڈا کر دیتے تھے۔انہیں اپنے لئے بھی قربانیاں گزرانی پڑتی تھی تا کہ انہیں یاد رہے کہ حتیٰ کہ قربانیاں گزراننے والے بھی خدا کی عدالت کے نیچے ہیں۔

یہ بات واضح تھی کہ عہدِ عتیق کی کہانت نے گناہ اور خدا سے جدائی کے مسئلہ کا کوئی حل پیش نہ کیا۔کوئی بھی کاہن اپنی کہانت کی انجام دہی کے وسیلہ سے خدا کے اُس معیار تک نہ پہنچ سکا جو اُس نے اپنی شریعت میں قائم کیا تھا۔اِسی وجہ سے ایک اور طرح کی کہانت درکار تھی۔

پس اگر بنی لاوی کی کہانت سے کاملیت حاصل ہوتی،کیوں کہ اُسی کی ماتحتی میں اُمت کو شریعت ملی تھی تو پھر کیا حاجت تھی کہ دوسرا کاہن ملکِ صدِق کے طور کا پیدا ہو اور ہارون کے طریقہ کا نہ گنا جائے۔(عبرانیوں 7:11)

خداوند یسوع مسیح ایک نئے کاہن کے طور پر آئے نا کہ پرانے عہد نامہ کے کاہنوں کی طرح۔وہ ہارون کی نسل سے بھی نہیں تھا،جس سے تمام کاہن پیدا ہوئے تھے۔خداوند یسوع مسیح لاوی کے قبیلہ سے نہیں بلکہ یہوداہ کے قبیلہ سے پیدا ہوئے تھے۔
خداوند یسوع مسیح ایک نئے طرز کے کاہن بنے۔اُس کی کہانت عہدِ عتیق کی کہانت سے یکسر مختلف ہے۔

عبرانیوں 7:24-27 میں خدا کا کلام ہمیں بتاتا ہے کہ وہ ابد تک زندہ ہے اور اُن کو پوری پوری نجات دے سکتا ہے جو اُس کے وسیلہ سے خدا کے پاس آتے ہیں۔

مگر چونکہ یہ ابد تک قائم رہنے والا ہے۔اِس لئے اُس کی کہانت لازوال ہے۔اِسی لیے جو اُس کے وسیلہ سے خدا کے پاس آتے ہیں۔وہ انہیں پوری پوری نجات دے سکتا ہے۔کیوں کہ وہ اُن کی شفاعت کے لئے ہمیشہ زندہ ہے۔چنانچہ ایسا ہی سردار کاہن ہمارے لائق بھی تھا۔جو پاک اور بے ریا اور بے داغ ہو۔اور گناہگاروں سے جدا اور

آسمانوں سے بلند کیا گیا ہو۔ اور اُن سردار کاہنوں کی مانند اِس کا محتاج نہ ہو کہ ہر روز پہلے اپنے گناہوں اور پھر اُمت کے گناہوں کے واسطے قربانیاں چڑھائے۔ کیوں کہ اُسے وہ ایک ہی بار کر گزرا۔ جس وقت اپنے آپ کو قربان کیا۔ بطور ایک کاہن خداوند یسوع مسیح نے ایک کامل زندگی اور کامل قربانی گزرانی اور وہ اُن کو پوری پوری نجات دینے کی قدرت رکھتا ہے جو اُس کے وسیلہ سے خدا کے پاس آتے ہیں۔ کہانت سے منسلک شریعت خداوند یسوع مسیح کی طرف اشارہ کرتی تھی جو کہ ہمارا سردار کاہن ہے۔ خداوند یسوع مسیح گناہ کے مسئلہ کا حل لے کر آئے۔ یہ وہ کارِ عظیم تھا جو اس سے پہلے کوئی بھی کاہن سرانجام نہ دے سکا تھا۔

عبرانیوں 9 باب میں خدا کا کلام ہیکل سے متعلق خدا کی شریعت کی بات کرتا ہے۔ چونکہ ہمارے پاس اتنا وقت نہیں کہ ہم اِس بات کی تفصیل میں جائیں کہ کس طرح ہیکل اور اُس میں موجود اشیاء خداوند یسوع مسیح کی طرف اشارہ کرتی ہیں۔ تاہم اِس سلسلہ کی ایک کڑی کے طور پر میں ایک خاص موضوع کو زیرِ بحث لانا چاہتا ہوں۔

عبرانیوں 3:9 ہیکل کے ایک مخصوص حصہ کا ذکر کرتا ہے جسے پاک ترین مقام کہتے ہیں۔ خدا، عہد کے صندوق پر ہیکل کے اِس حصہ پر اپنی حضوری کو ظاہر کرتا تھا۔ یہودی اِس مقام کو انتہائی مقدس اور پاک سمجھتے تھے اور یہ پاک ترین اور مقدس تھا بھی۔ کیوں کہ سال میں ایک مرتبہ صرف سردار کاہن اپنے آپ کو پاک کرنے کے بعد اس میں داخل ہوا کرتا تھا۔ اِس پاک ترین مقام کو ایک پردہ کے ذریعہ ہیکل کے دوسرے حصہ سے الگ کیا گیا تھا۔

یہ پردہ جو پاک ترین مقام کو ہیکل کے دوسرے حصہ سے الگ کرتا تھا، خدا کے لوگوں پر اِس بات کو ظاہر کرتا تھا کہ خدا تک رسائی کا راستہ بند ہے۔ گناہ نے خدا اور انسان کے درمیان جدائی کی دیوار کھڑی کر دی تھی۔ عبرانیوں کا مصنف 8:9 میں اِس بات کو واضح کرتا ہے

اِس سے روح القدس کا یہ اشارہ ہے کہ جب تک پہلا خیمہ کھڑا ہے۔ پاک مکان کی راہ ظاہر نہیں ہوئی۔

جب خداوند یسوع مسیح نے صلیب پر جان دی تو یہ پردہ اُوپر سے نیچے تک پھٹ گیا۔

یسوع نے پھر بڑی آواز سے چلا کر جان دے دی اور مقدس کا پردہ اوپر سے نیچے تک پھٹ کر دو ٹکرے ہو گیا۔ اور زمین لرزی اور چٹانیں تڑک گئیں۔ (متی 27:50-51)

خداوند یسوع مسیح نے اپنی صلیبی موت کے وسیلہ سے انسان اور خدا کے درمیان جدائی کی دیوار کو ختم کر دیا ہے۔ اور اب لوگوں کو بغیر کسی قربانی کے پاک ترین مقام تک رسائی حاصل ہوگئی ہے۔ ہیکل میں یہ پردہ شریعت کے مطابق لگایا گیا تھا اور اِس بات کی علامت تھا کہ خداوند یسوع مسیح بطور ہمارا سردار کاہن اِس رکاوٹ کو دور کرے گا۔

خدا کی شریعت کا یہ تقاضا تھا کہ لوگوں کے گناہوں کے لئے خدا کے حضور قربانیاں گزرانی جائیں۔ لوگوں کے گناہوں کیلئے لاتعداد بیل اور بکرے ذبح کیے جاتے تھے۔ قربانیاں گزراننے کا یہ سلسلہ ہمیشہ جاری رہتا تھا، لیکن گناہ کا مسئلہ کبھی حل نہیں ہوتا تھا۔ عبرانیوں 10:3-4 میں خدا کا کلام ہمیں بتاتا ہے کہ یہ قربانیاں ممکنہ طور پر کبھی بھی گناہ کو دور نہ کر سکیں۔

''بلکہ وہ قربانیاں سال بہ سال گناہوں کو یاد دلاتی ہیں۔ کیوں کہ ممکن نہیں کہ بیلوں اور بکروں کا خون گناہوں کو دور کرے''۔

قربان کیے جانے والے جانور کی بڑی سے بڑی قیمت بھی گناہ کا فدیہ ادا نہ کر سکی۔ تاہم خداوند یسوع مسیح ہمارے گناہ کے مسئلہ کے لئے ایک کامل قربانی کے طور پر اِس دنیا میں آیا۔ وہ دنیا کے گناہوں کیلئے قربان شدہ برّہ کے طور پر صلیب پر قربان ہو گیا۔ خدا نے ایک کامل برّہ کے طور پر اُس کی قربانی کو پورے طور پر قبول کیا اور دُنیا کے موجودہ، ماضی اور مستقبل کے گناہوں کیلئے فدیہ دیا۔

''لیکن یہ شخص ہمیشہ کے لئے گناہوں کے واسطے ایک ہی قربانی گزران کر خدا کی دہنی طرف جا بیٹھا۔ اور اُسی وقت سے منتظر ہے کہ اُس کے دشمن اُس کے پاؤں تلے کی چوکی بنیں۔ کیوں کہ اُس نے ایک ہی قربانی چڑھانے سے اُن کو ہمیشہ کے لئے کامل کر دیا جو پاک کیے جاتے ہیں۔'' (عبرانیوں 10:12-14)

خداوند یسوع مسیح کی ایک ہی قربانی نے وہ کر دیا جو پرانے عہد نامہ کی تمام قربانیاں نہ کر سکیں۔ اُس کامل قربانی نے

ایک ہی دفعہ ہمیشہ ہمیشہ کیلئے گناہ کا مسئلہ حل کر دیا۔ وہ سب جو اُس کے پاس آتے اور اُس کی قربانی کو قبول کرتے ہیں ،مکمل معافی اور خدا کی عدالت سے رہائی حاصل کرتے ہیں جو کہ عہدِ عتیق کی قربانیاں کبھی نہ سکیں۔

شریعت کا مقصد خداوند یسوع کو متعارف کروانا تھا۔ شریعت خدا کی خوشخبری کو پیش کر رہی تھی۔ شریعت کے وسیلہ سے خدا نے اپنے لوگوں پر اُن کی ضرورت کو ظاہر کیا اور اپنے بیٹے یسوع مسیح کے وسیلہ سے نجات کی خوشخبری کو پیش کیا۔ خدا کا بیٹا اپنے لوگوں کی جانوں کو سبت کا وہ آرام دے گا جس کے وہ طالب رہے ہیں۔ خدا کا بیٹا اُن کیلئے ایک کامل سردار کاہن بن گیا ہے جس کی کامل قربانی اُن کے گناہوں پر اُنہیں ہمیشہ ہمیشہ کیلئے فتح بخشتی ہے۔ اُس کے بیٹے نے جدائی کی اُس دیوار کو گرا دیا ہے جو انہیں خدا سے جدا کیے ہوئے تھی۔ اُس کے بیٹے خداوند یسوع نے گناہوں کی کامل قربانی بن کر گناہوں کیلئے دی جانے والی جانوروں کی قربانیوں کو ہمیشہ کے لئے ختم کر دیا ہے۔

پرانے عہد نامہ میں خدا کی شریعت خداوند یسوع مسیح کی طرف اشارہ کرتی تھی۔ اُن قربانیوں اور رسومات میں صرف ایک ہی حقیقی اور قابل قدر چیز تھی اور وہ یہ کہ ساری چیزیں خداوند یسوع مسیح کی آمد کی تصویر پیش کرتی تھیں۔ اگر یہ قربانیاں اُس کے کامل بیٹے کی قربانی کی تصویر اور جھلک پیش نہ کرتیں تو خدا کبھی بھی اُن قربانیوں کو قبول نہ کرتا۔ شریعت کو مسیح کی خدمت اور زندگی میں اُس کا حقیقی مفہوم اور مقصد حاصل ہو گیا۔ یہ سب کچھ آنے والی عظیم چیزوں کا عکس تھا۔

خداوند یسوع مسیح شریعت کی تکمیل

خداوند یسوع مسیح نے کیسے عہدِ عتیق کی شریعت کو پورا کیا؟ شریعت کو کیوں کر پورا کرنے کی ضرورت پیش آئی؟ اِس حصہ میں ہم مختصر طور پر اِس بات کا جائزہ لیں گے کہ کیسے خداوند یسوع مسیح نے اُس کام کو سرانجام دیا جو شریعت کبھی سرانجام نہ دے سکی۔

باب 6

خدا کے حضور راستباز ٹھہرنا

پس اَے بھائیو! تمہیں معلوم ہو کہ اُسی کے وسیلہ سے تم کو گناہوں کی معافی کی خبر دی جاتی ہے۔ اور موسیٰ کی شریعت کے باعث جن باتوں سے تم بری نہیں ہو سکتے تھے، اُن سب سے ہر ایک ایمان لانے والا اِس کے باعث بری ہوتا ہے۔ (اعمال13:38-39)

موسیٰ کی معرفت دی گئی شریعت نے ہم پر وہ سب کچھ ظاہر کیا جس کی خدا ہم سے توقع کرتا تھا۔ لیکن اُس شریعت نے خدا کے معیار کے مطابق زندگی گزارنے میں ہماری کوئی مدد نہ کی۔ یہ بالکل ایسے ہی ہے جیسے کوئی ہمارے سامنے ایسا معیار رکھ دے جس پر کوئی بھی پورا نہ اتر سکتا ہو اور پھر یہ ایسے ہرجانے کا تقاضا کرے جو کوئی بھی ادا نہ کر سکتا ہو۔ ہمارے ملکی قوانین سے قطعی مختلف، خدا کاملیت کا تقاضا کرتا تھا۔ تخلیق آدم سے آج تک ماسوائے خداوند یسوع مسیح کے کوئی بھی ایسا شخص نہیں ہوا جو اُس معیار پر پورا اتر سکا ہو۔ اعمال 13 باب کے مطابق ''شریعت کے وسیلہ سے خدا کے حضور راستباز ٹھہرنا ممکن نہیں۔'' مقدس پولس رسول نے رومیوں 3:20 میں اِس خیال کو یوں بیان کیا ہے۔

کیوں کہ شریعت کے اعمال سے کوئی بشر اُس کے حضور راستباز نہیں ٹھہرے گا۔ اِس لئے کہ شریعت کے وسیلہ سے تو گناہ کی پہچان ہی ہوتی ہے۔

یہ بات اِس سے زیادہ کہیں بھی اور کسی بھی طریقہ سے واضح نہیں ہو سکتی۔ ''کیوں کہ شریعت کے اعمال سے کوئی بشر اُس کے حضور راستباز نہیں ٹھہرے گا۔'' شریعت کا مقصد ہمیں خدا کے حضور راستباز ٹھہرانا نہیں تھا۔ مقدس پولس رسول مذکورہ حوالہ میں اِس بات کو واضح کرتے ہیں کہ شریعت کا مقصد ہمیں گناہ کی پہچان کروانا اور ہم پر ہماری ضرورت کو آشکارہ کرنا تھا۔ شریعت کے وسیلہ سے ہم اپنی اِس بے استعدادی اور نااہلیت سے آگاہ ہوئے ہیں کہ ہم اپنی کاوشوں

سے خدا کے حضور راستباز نہیں ٹھہر سکتے۔ عہدِ عتیق کے دور میں مذبح پر قربان کیے جانے والے تمام بیل اور بکرے خدا کے حضور ہماری حالت اور مقام کو تبدیل کرنے سے قاصر رہے۔

یرمیاہ نبی ہمیں 23:13 میں بتاتے ہیں۔

حبشی اپنے چمڑے کو یا چیتا اپنے داغوں کو بدل سکے تو تم بھی جو بدی کے عادی ہو نیکی کر سکو گے۔

اگرچہ ہم اپنے آپ کو اچھے کاموں اور تابعداری کے لبادے میں چھپا لیں تو بھی اس سے ہماری اندرونی فطرت تبدیل نہیں ہوتی۔ آپ ایک سوأر کو صاف کریں' اُس کو نہلائیں اور اُس کی گردن پر ایک خوبصورت فیتہ باندھ دیں، تو بھی یہ سوأر کی فطرت کے ساتھ سوأر ہی رہے گا۔ اور موقع ملتے ہی قریب ترین جوہڑ میں خوبصورت فیتے سمیت کیچڑ میں جا کر لوٹنے لگے گا۔ آپ اُس کی فطرت کو تبدیل نہیں کر سکتے۔ خوبصورت فیتہ اور صاف پانی اُس کی فطرت میں قطعاً کوئی تبدیلی نہیں لا سکتے۔

عہدِ عتیق میں یکے بعد دیگرے قربانیاں گزرانی جاتیں' پھر بھی لوگ گناہ کرتے اور خدا کی عدالت کے نیچے رہتے۔ روز بروز جاری رہنے والی قربانیاں یہ ظاہر کرتی ہیں کہ یہ قربانیاں کسی طور پر بھی خدا کے لوگوں کو اُس کے قریب نہ لا سکیں۔ شریعت کی عدولی کرنے والوں کو سزا دی جاتی۔ لیکن اِس سے شریعت کی عدولی کا سلسلہ کبھی ختم نہ ہوا۔ شریعت' پابندیوں' ممانعتوں' رسومات اور قربانیوں سے گناہ کی فطرت کو تبدیل نہ کر سکی۔ آپ یوں کہہ سکتے ہیں کہ یہ خدا کے لوگوں کو خدا کے منظورِ نظر نہ بنا سکیں۔ کیوں کہ شریعت گناہ کے مسئلہ کو حل کرنے سے قاصر تھی جو خدا اور لوگوں کے درمیان جدائی کی دیوار بنا ہوا تھا۔

یقیناً بعض لوگ دوسروں سے اچھی زندگی بسر کرتے تھے، بعض لوگ خدا کے انتہائی قریب ہوتے تھے، لیکن کوئی بھی اِس بات کا دعویٰ نہ کر سکا کہ وہ بے گناہ ہے۔ اِس نکتہ پر شاید کوئی یہ کہے۔ ''کیا واقعی اِس بات سے فرق پڑتا ہے کہ ہم کامل نہیں ہیں۔ ہم جیسے بھی ہیں خدا کو ہمیں قبول کر لینا چاہئے۔'' ایسی صورتحال کے ساتھ کئی اور مسائل بھی منسلک

ہیں۔

اول: وہ لوگ جو یہ کہتے ہیں کہ ہم جیسے بھی ہیں خدا کو اِس بات کو خاطر میں لائے بغیر کہ ہم گناہ گار ہیں ہمیں قبول کر لینا چاہئے۔ ایسے لوگ گناہ کی فطرت کو سمجھنے سے قاصر ہوتے ہیں۔ یہ گناہ ہی ہے جو ہمیں خدا سے جدا کرتا ہے۔ انسانی فطرت کو لگنے والی یہ بیماری انتہائی مہلک ہے۔ اس زمین پر موجود ہر طرح کے مسائل اور مشکلات کا یہی ایک بنیادی منبع ہے۔ کیا آپ ایک مہلک وائرس کیلئے موقع پیدا کریں گے کہ وہ آپ کی زندگی کے لئے ایک جان لیوا خطرہ بن جائے یا آپ اپنے بچے کو ایک زہریلے سانپ کے ساتھ کھیلنے دیں گے؟ ضرورت اس بات کی ہے کہ گناہ مکمل اور قطعی طور سے ہماری فطرت سے الگ کیا جائے۔ اِس معاملہ میں ہم کسی طور پر بھی سمجھوتہ کرنے کے بارے میں سوچ نہیں سکتے۔

دوم: یہ بیان کسی طور پر بھی خدا کی پاکیزگی سے منسلک نہیں ہوتا۔ خدا کی پاکیزگی اِس قدر بے انتہاہ ہے کہ یہ کسی بھی صورت اور کسی بھی حالت میں گناہ کو برداشت نہیں کر سکتی اور ہمیشہ گناہ سے نفرت کرتی ہے۔ اکثر و بیشتر ہم گناہ کے مضر اور تباہ کن اثرات کو خاطر میں نہیں لاتے ہیں۔ ٹیلی ویژن اور میڈیا نے ہمیں گناہ آلودہ روّیوں کی ایسی ایسی خوبصورت شکلیں دکھائی ہیں اور اُن کی ایسی تصویر کشی کی ہے کہ یہ گناہ آلودہ روّیے قابل قبول بن چکے ہیں۔ گناہ آلودہ روّیے کسی طور پر بھی ہمارے لئے پریشانی کا باعث نہیں بنتے اور نہ ہی ہمیں اُن سے کوئی ذہنی دھچکا لگتا ہے۔ گناہ کے تعلق سے خدا کا نکتہ نظر کبھی تبدیل نہیں ہوا۔ روّیہ ہی ہر اُس چیز کا متضاد ہے جسے خدا پیش کرتا ہے۔ بالکل ایسے ہی جیسے روشنی تاریکی میں نہیں رہ سکتی۔ بالکل اِسی طرح خدا بھی گناہ کی موجودگی میں نہیں رہ سکتا۔ اگر ہمیں قدوس خدا کی حضوری میں رہنا ہے تو پھر ضرور ہے کہ ہماری فطرت سے گناہ کا خاتمہ کیا جائے۔

سوم: وہ لوگ جو یہ کہتے ہیں کہ ہم جیسے بھی ہیں خدا کو ہمیں قبول کر لینا چاہئے۔ وہ انصاف کے تقاضوں کو پورا نہیں کرتے۔ انصاف جوابدہی طلب کرتا ہے۔ جب ہم جرم کو نظر انداز کر دیتے ہیں تو پھر انصاف کے تقاضے پورے نہیں ہوتے۔ خدا کبھی بھی گناہ کو نظر انداز نہیں کرے گا۔ انصاف اِس بات کا تقاضا کرتا ہے کہ اگر ہمیں خدا کے حضور راستباز ٹھہرنا ہے تو پھر گناہ کی سزا دی جائے۔

آخری بات یہ کہ، وہ لوگ جو یہ کہتے ہیں کہ ”خدا کو چاہیے کہ وہ گناہ کو نظر انداز کر دے اور ہم جیسے بھی ہیں ہمیں قبول کر

لے۔'' ایسے لوگ خدا کی طرف سے پیش کیے گئے گناہ کے مسئلہ کے حل کو سمجھنے سے قاصر رہتے ہیں۔رومیوں 3:21 میں خدا کا کلام ہمیں بتاتا ہے کہ خدا کے پاس ایک ایسا منصوبہ ہے جو انصاف کے تقاضے پورے کرتا اور ہمیں اُس کے حضور راستباز ٹھہراتا ہے۔

مگر اب شریعت کے بغیر خدا کی ایک راستبازی ظاہر ہوئی ہے جس کی گواہی شریعت اور نبیوں سے ہوتی ہے۔یعنی خدا کی وہ راستبازی جو یسوع مسیح پر ایمان لانے سے سب ایمان لانے والوں کو حاصل ہوتی ہے۔کیونکہ کچھ فرق نہیں۔ اِس لئے کہ سب نے گناہ کیا اور خدا کے جلال سے محروم ہیں۔مگر اُس کے فضل کے سبب سے اُس مخلصی کے وسیلہ سے جو مسیح یسوع میں ہے مفت راستباز ٹھہرائے جاتے ہیں۔اُسے خدا نے اُس کے خون کے باعث ایک ایسا کفارہ ٹھہرایا جو ایمان لانے سے فائدہ مند ہو۔تاکہ جو گناہ پیشتر ہو چکے تھے اور جن سے خدا نے تحمل کر کے طرح دی تھی اُن کے بارے میں وہ اپنی راستبازی ظاہر کرے۔

بائبل مقدس میں سے درج بالا آیات انتہائی اہم اور پُر قدرت ہیں۔اِس حوالہ میں مقدس پولس رسول ہمیں تین اہم باتیں بتاتے ہیں۔اول۔خدا نے کچھ وقت کیلئے ہمارے ماضی کے گناہوں سے تحمل کر کے ہمیں بغیر سزا کے چھوڑ دیا۔
دوم۔خدا نے اپنے بیٹے یسوع مسیح کو بھیجا تا کہ وہ ہمیشہ کیلئے ہمارے گناہوں کی کامل قربانی بن جائے۔
سوم۔اَب وہ اپنے بیٹے خداوند یسوع مسیح کی کامل قربانی کے وسیلہ سے اُن سب کو جو اس قربانی کو قبول کرتے ہیں شریعت کے بغیر راستبازی عطا کرتا ہے۔

اَب ہمارے لئے ممکن ہو چکا ہے کہ ہم خداوند یسوع مسیح کے صلیبی کام اور مردوں میں سے جی اُٹھنے کے وسیلہ سے خدا کے حضور راستباز ٹھہر سکیں۔یہ راستبازی قطعی طور پر خدا کی شریعت اور اُس کے تقاضوں سے الگ تھلگ ہے۔خدا کے ذہن میں انصاف کے تقاضوں کو پورا کرنے اور گناہ کی سزا دینے کیلئے خداوند یسوع مسیح کی صلیب پر قربانی کامل اور کافی تھی۔

خداوند یسوع مسیح کا صلیب پر کیا ہوا کام، میرے ماضی، حال اور مستقبل کے تمام گناہوں کا احاطہ کرتا ہے۔ہر وہ گناہ جو

میں نے کبھی کیا یا کبھی کروں گا اُس ایک ہی دفعہ کی قربانی نے اُسے ڈھانپ لیا ہے جو خداوند یسوع مسیح نے صلیب پر میرے لئے دی تھی۔ اَب وہ لوگ جو خداوند یسوع مسیح کے کیے گئے کام پر ایمان رکھتے ہیں، ایسے راستباز لوگوں کی طرح خدا کے حضور کھڑے ہو سکتے ہیں جن کے گناہوں کا مکمل فدیہ دے دیا گیا ہے اور جن کے گناہ مکمل طور پر معاف ہو چکے ہیں۔ کوئی بھی برائی اور گناہ جو میں نے کبھی کیا تھا یا کبھی مجھ سے سرزد ہوگا، میرے خلاف کھڑا نہیں ہو سکتا۔ کیوں کہ یہ سب گناہ خداوند یسوع کی صلیبی موت کے وسیلہ سے پہلے ہی ڈھانپ دیئے گئے ہیں۔

شریعت میں یہ قدرت نہ تھی کہ وہ ہمیں خدا کے حضور راستباز ٹھہرا سکے۔ اس لئے نہیں کہ یہ غیر کامل تھی۔ بلکہ اس لیے کہ ہم کامل نہیں تھے۔ اپنے معیار کو کم کرنے اور گناہ سے سمجھوتہ کرنے کی بجائے خدا نے اپنے بیٹے کو قربان کر کے وہ قیمت ادا کی جو ہم ادا نہیں کر سکتے تھے۔ خداوند یسوع مسیح ہمیں باپ کے سامنے راستباز ٹھہرانے کیلئے اس دنیا میں آئے۔ اَب ہم باپ کے سامنے اِس طور سے پاک اور راست کھڑے ہو سکتے ہیں کہ جیسے ہم نے کبھی کوئی گناہ کیا ہی نہیں۔ وہ رکاوٹ جو شریعت کے وسیلہ سے ہم پر عیاں ہوئی، اَب خداوند یسوع مسیح کی صلیبی موت کے وسیلہ سے دور ہو چکی ہے۔ اور اَب ہم خداوند یسوع مسیح کی صلیبی موت کے وسیلہ سے گناہوں کی مکمل معافی کے ساتھ آسمانی باپ کے سامنے کھڑے ہو سکتے ہیں۔

خداوند یسوع مسیح نے اپنی قربانی والی موت سے قانونی طور پر شریعت کے تقاضے پورے کر دیئے ہیں۔ اُس نے میرے تمام گناہوں کی سزا برداشت کی۔ اور خدا کے تمام راست تقاضے پورے کر دیئے ہیں، تا کہ آسمانی باپ کے ساتھ میرا درست اور حقیقی رشتہ بحال ہو سکے۔ اُس کی قربانی نے نہ صرف میرے ماضی کے گناہ بلکہ مستقبل کے گناہ بھی ڈھانپ لئے۔ تا کہ کبھی بھی کوئی گناہ مجھے اُس کے حضور مجرم نہ ٹھہرا سکے۔ خداوند یسوع مسیح نے تمام تقاضے پورے کر کے آسمانی باپ کے ساتھ میرے درست رشتہ کو یقینی بنا دیا ہے۔

باب 7

ایک نئی کہانت

پس اگر بنی لاوی کی کہانت سے کاملیت حاصل ہوتی کیوں کہ اُسی کی ماتحتی میں اُمت کو شریعت ملی تھی۔ تو پھر کیا حاجت تھی کہ دوسرا کاہن ملکِ صدق کی طرح کا پیدا ہو۔ اور ہارون کے طریقہ کا نہ گنا جائے۔ اور جب کہانت بدل گئی تو شریعت کا بھی بدلنا ضرور ہے۔ کیوں کہ جس کی بابت یہ باتیں کہی جاتی ہیں۔ وہ دوسرے قبیلہ میں شامل ہے۔ جس میں سے کسی نے قربان گاہ کی خدمت نہیں کی۔ چنانچہ ظاہر ہے کہ ہمارا خداوند یہوداہ میں سے پیدا ہوا اور اِس فرقہ کے حق میں موسیٰ نے کہانت کا کچھ ذکر نہیں کیا اور جب ملکِ صدق کی مانند ایک اور ایسا کاہن پیدا ہونے والا تھا، جو جسمانی احکام کی شریعت کے موافق نہیں بلکہ غیر فانی زندگی کی قوت کے مطابق مقرر ہو تو ہمارا دعویٰ اور بھی صاف ظاہر ہو گیا۔ (عبرانیوں 7:11-16)

موسیٰ کی شریعت کے مطابق تمام تر قربانیاں گزراننے اور ضابطوں کو سرانجام دینے والے خود بھی اُس پر عمل کرنے سے قاصر تھے۔ ہر دفعہ جب کاہن خدا کے حضور خدمت کرنے کے لئے آتے تو سب سے پہلے اُنہیں اپنے گناہوں کیلئے قربانیاں گزراننی پڑتی۔ اِس سے ظاہر ہوتا ہے کہ حتیٰ کہ کاہنوں کو بھی گناہ پر غلبہ حاصل نہیں تھا۔ اگر وہ اَز خود ابھی تک گناہ کی سزا کے نیچے تھے، تو ممکن نہیں تھا کہ وہ گناہ کی سزا کے مسئلہ کا حل پیش کر سکتے۔ پرانے عہد نامہ کے کاہن گناہ کے مسئلہ کا حل پیش کرنے میں بے بس، کمزور اور ناتواں تھے۔

خداوند یسوع مسیح ہمارا نیا سردار کاہن بن کر آیا۔ عبرانیوں 7 باب ہمیں بتاتا ہے کہ وہ پرانے عہد نامہ کے دیگر کاہنوں کی طرح لاوی کی نسل سے کاہن نہ بنا۔ بلکہ خداوند یسوع مسیح یہوداہ کے قبیلہ سے تھا۔ موسیٰ کی شریعت کے مطابق کوئی بھی شخص جو لاوی کی نسل سے نہیں ہوتا تھا وہ کہانت کے فرائض سرانجام نہیں دے سکتا تھا۔ (گنتی 10:3) خداوند

یسوع مسیح کی کہانت پرانے عہد نامہ کی کہانت سے منفرد تھی۔ وہ بالکل ایک نئی کہانت کو سرانجام دینے کیلئے آیا، جو لاوی کے قبیلہ کی کہانت سرانجام نہ دے سکی۔

خداوند یسوع مسیح کی نئی کہانت کے تحت' ایک اہم ڈھانچہ کی تشکیلِ نو ہوئی۔ عبرانیوں 7:12 کے مطابق کہانت کی تبدیلی کے ساتھ شریعت میں بھی تبدیلی آئی۔

خداوند یسوع مسیح کے کام کے ساتھ' کاہن کی خدمت بھی تبدیل ہوگئی۔ اَب ہمیں گناہ کیلئے کسی قسم کی قربانی نہیں گزراننا ہوگی۔ کیوں کہ خداوند یسوع کی ایک ہی دفعہ کی قربانی تمام وقتوں اور زمانوں کیلئے کافی ہے۔ اَب ہمیں کسی شریعت اور اُس کے ضابطوں کی ضرورت نہیں۔ کیوں کہ مسیح آ چکا ہے۔ اَب لاوی کے قبیلہ کی کہانت کی ضرورت باقی نہیں رہی۔ ایک وفادار خدمت گزار کی طرح بہت برس کام کرنے کے بعد اب لاوی کی کہانت کو اپنی ذمہ داری سے برخاست ہونا تھا، تا کہ مسیح کی کہانت کے لئے جگہ بن سکے۔ پرانی کہانت اَب بے مقصد ہو چکی تھی۔ یہ بڑی عزت اور تعظیم کے ساتھ برخاست کی گئی۔ اُس نے وہ اپنا مقصد پورا کیا جو خدا اُس کے وسیلہ سے پورا کرنا چاہتا تھا۔

پرانی کہانت نے ہماری نئی کہانت کی ضرورت کو ظاہر کیا۔ ہارون کاہن یا اُس کے بیٹوں کی طرح نہیں بلکہ قطعی مختلف اور بہتر خوبیوں کے ساتھ۔ عبرانیوں 7 باب میں خدا کا کلام ہمیں خداوند یسوع مسیح کی نئی کہانت کے بارے میں بہت سی باتیں بتاتا ہے۔

اول۔ 21-22 آیات ہمیں بتاتی ہیں کہ خداوند یسوع مسیح کی کہانت ابدی ہے۔ پرانی کہانت سے قطعی مختلف جو کہ ایک بڑی چیز کی منتظر تھی۔ اِس کہانت کو کبھی تبدیل ہونے کی ضرورت نہیں ہے۔ اِس سے بڑی اور کوئی کہانت نہیں ہوگی۔ اب کسی اور سردار کاہن کی ضرورت پیش نہ آئے گی۔ کیوں کہ خداوند یسوع مسیح کے صلیبی کام نے ہمیشہ کیلئے آسمانی باپ کے تقاضوں کو پورا کر دیا ہے۔

دوم۔ مسیح اَبدی سردار کاہن کے طور پر اُن سب لوگوں کو پوری پوری نجات دے سکتا ہے، جو اُسکے وسیلہ سے خدا کے

پاس آتے ہیں۔(عبرانیوں 25:7) یہ پرانے عہد نامہ کی کہانت کے تحت ممکن نہ تھا۔موسیٰ کی شریعت کے تحت کوئی کاہن بھی کسی کو پورے طور پر نجات نہیں دے سکتا تھا۔ پرانی کہانت کی قدر و قیمت اس حقیقت میں تھی کہ وہ ایسے سردار کاہن کی منتظر تھی جو پوری پوری نجات دے سکے۔خداوند یسوع مسیح نے سردار کاہن بن کر خدا اور انسان کے درمیان جدائی کی دیوار کو گرانے کی عظیم خواہش اور حسرت کو پورا کر دیا۔اَب وہ لوگ جو خداوند یسوع مسیح کے وسیلہ سے خداباپ کے پاس آتے ہیں، گناہوں کی پوری پوری معافی اور شخصی بحالی حاصل کر سکتے ہیں۔ یہ نجات اِس قدر کامل ہے کہ کوئی اور کام ہمیں خداباپ کی نظر میں مقبول اور راستباز ٹھہرانے کے لیے کوئی کردار ادا نہیں کرسکتا۔ہمارے تمام گناہ ڈھانپ دیئے گئے ہیں۔اور آسمانی باپ کے ساتھ ہمارا رشتہ ہمیشہ کے لئے مضبوط اور یقینی ہو چکا ہے۔

سوم۔بطور ہمارا سردار کاہن، خداوند یسوع مسیح ہماری ضروریات پوری کرتا ہے۔کیوں کہ وہ بے گناہ اور پاک تھا۔ (دیکھیں آیت 26)

اُسے کبھی بھی اپنے لئے قربانی نہ گزراننا پڑی۔نہ صرف وہ خود بلکہ اُس کا صلیبی کام بھی کامل تھا۔پرانے عہد نامہ کی تمام قربانیاں غیر کامل تھیں۔انہیں ایسے کاہن گزرانتے تھے جو خود بھی گناہ آلودہ فطرت رکھتے تھے۔لیکن یسوع کی ذات میں کوئی گناہ نہیں تھا۔وہ گناہ پر غالب آیا۔وہ گناہ کے تمام آلودہ کرنے والے اثرات سے بھی آزاد تھا۔جب اُس نے اپنی جان قربان کی، تو اُس نے بے گناہ لاخطا اور کامل زندگی کو قربان کیا۔ایسی ہی قربانی کی ضرورت تھی۔ جو کچھ بیلوں اور بکروں کا خون نہ کر سکا، وہ یسوع نے کر دکھایا۔اُس نے ہماری تمام ضروریات اور تقاضوں کو کامل طور سے پورا کر دیا ہے۔

اور آخری بات، عبرانیوں 27:7 میں خدا کا کلام ہمیں بتاتا ہے کہ خداوند یسوع نے بطور ہمارا سردار کاہن ہمارے گناہوں کی ہمیشہ کیلئے ایک قربانی دے دی ہے۔ اِس کا مطلب ہے کہ اَب گناہوں کی مزید کسی قربانی کی ضرورت باقی نہیں رہی۔ ماضی، حال اور مستقبل کے تمام گناہ خدا کے کامل برہ کی ایک ہی دفعہ کی دی ہوئی ہمیشہ کیلئے کافی ایک ہی بار گزرانے جانے والی قربانی میں ڈھانپ دیئے گئے ہیں۔خداوند یسوع مسیح نے انسان اور خدا کے درمیان فاصلہ ختم کر دیا ہے۔اُس نے گناہ کی سزا کی حائل رکاوٹ کو دور کر دیا ہے۔جو کہ ہمیں خدا سے دور کیے ہوئے تھی۔وہ ہی اس

قابل تھا کہ ہارون کاہن اور لاوی کے قبیلہ کے دیگر کاہنوں کی جگہ لے کر ہمارے لئے خدا کے حضور مؤثر خدمت سر انجام دے سکے۔

لاوی کی کہانت کے تحت پرانے عہد نامہ کی شریعت پر بڑی وفاداری سے عمل کیا جاتا تھا۔ جب وہ اپنی خدمات سرانجام دیتے تھے، تو انہیں اِس بات کا علم تھا کہ وہ شریعت کی تعمیل کرتے ہوئے کبھی بھی مکمل نجات اور چھٹکارے کیلئے کوئی قربانی نہیں گزران سکتے۔ جو کچھ اُنہوں نے کیا، اُسکی قدر و قیمت اِس بات میں پنہاں تھی کہ وہ سب کچھ کس چیز کی نمائندگی کرتا یا کس آنے والی چیز کا عکس یا تصویر پیش کرتا تھا۔ یعنی انجام کار رونما ہونے والے سردار کاہن کی آمد جو مکمل طور پر شریعت کے تمام تقاضے پورے کرنے کے لئے آنے والا تھا۔ اُس نے ہمارا سردار کاہن بن کر ایک کامل قربانی گزرانی اور اپنے لوگوں کو پوری پوری نجات دینا تھی۔ خداوند یسوع مسیح نے ہمارا سردار کاہن بن کر شریعت کو پورا کیا اور گناہ گار انسان اور قدوس خدا کے درمیان فاصلہ کو ختم کرتے ہوئے جدائی کی دیوار کو گرا دیا یعنی ایسا عظیم کام اور کارِ نمایاں جو عہدِ عتیق کے کاہن کبھی نہ کر سکے۔

باب 8

نیا دِل

کیوں کہ اگر پہلا عہد بے نقص ہوتا تو دوسرے کے لیے موقع نہ ڈھونڈا جاتا۔ پس وہ اُن کے نقص بتا کر کہتا ہے کہ خداوند فرماتا ہے کہ دیکھ وہ دن آتے ہیں کہ میں اسرائیل کے گھرانے اور یہوداہ کے گھرانے سے ایک نیا عہد باندھوں گا۔ یہ اُس عہد کی مانند نہ ہوگا جو میں نے اُن کے باپ دادا سے اُس دن باندھا تھا جب ملکِ مصر سے نکال لانے کے لیے اُن کا ہاتھ پکڑا تھا۔ اِس واسطے کہ وہ میرے عہد پر قائم نہ رہے۔ اور خداوند فرماتا ہے کہ میں نے اُن کی طرف کچھ توجہ نہ کی۔ پھر خداوند فرماتا ہے کہ جو عہد اسرائیل کے گھرانے سے اُن دنوں کے بعد باندھوں گا۔ وہ یہ ہے کہ میں اپنے قانون اُن کے ذہن میں ڈالوں گا اور اُن کے دِلوں پر لکھوں گا اور میں اُن کا خدا ہوں گا اور وہ میری اُمت ہونگے۔ اور ہر شخص اپنے ہم وطن اور اپنے بھائی کو یہ تعلیم نہ دے گا کہ تو خدا کو پہچان۔ کیوں کہ چھوٹے سے بڑے تک سب مجھے جان لیں گے۔ اِس لیے کہ میں اُن کی ناراستیوں پر رحم کروں گا اور اُن کے گناہوں کو پھر کبھی یاد نہ کروں گا۔ (عبرانیوں 8:7-12)

جب عہدِ عتیق بڑی وفاداری سے اپنے تمام اصول وضوابط اور قوانین کے تحت اپنا مقصد پورا کر چکا تھا تو پھر ہمیں اِس سے بڑھ کر کسی اور چیز کی ضرورت تھی۔ پرانے عہد نامہ کبھی بھی ہمارے مسئلہ کی جڑ یعنی گناہ آلودہ فطرت والے دِل تک نہ پہنچا۔ گناہ کے لیے قربانیاں تو دی جاتی تھیں لیکن گناہ کا سلسلہ جاری تھا۔ انسانی دِل جیسا شروع سے تھا ویسا ہی رہا۔ یعنی اپنی فطرت کے لحاظ سے گناہ آلودہ اور خدا کی مرضی پورا کرنے کے تعلق سے سنگین اور ہٹ دھرم۔

کئی لحاظ سے، شریعت کی تعمیل ایک ڈوبتے ہوئے بحری جہاز کو بچانے کی کوشش کے مترادف تھی۔ کاہن، پرانے عہد نامہ کے وسیلہ سے انسان کو خدا کے غضب سے رہائی دینے کیلیے فدیہ دیتے رہے۔ خدا کے غضب کو ٹھنڈا کرنے کے لیے بار بار قربانیاں گزرانی جاتی تھیں۔ لیکن ہماری زندگی کے جہاز کے پہلو میں جو سوراخ ہو چکا تھا اُس کے لیے کچھ

نہ ہو سکا۔ گناہ اور بدکار دِل ہماری زندگی میں جہاز کے پہلو میں سوراخ کے مترادف تھے۔ خدا کا غضب سمند کی لہروں کی مانند جہاز سے ٹکراتا رہا۔ کاہن انسان کی مخلصی اور معافی کیلیے قربانیاں گزرانتے رہے۔لیکن وہ جہاز کے پہلو میں موجود سوراخ یعنی گناہ آلودہ دِل کے مسئلہ کے حل کے لیے بالکل بے بس تھے۔ جب تک دِل ویسے کا ویسا رہا' یہ خدا کی عدالت کے نیچےاور ہماری زندگی کا جہاز ڈوبنے کے خطرے میں رہا۔شریعت اپنی بہترین حالت میں بھی ایک عارضی پیمانہ تھی۔ ہماری زندگی کے جہاز میں موجود سوراخ کو مرمت کی ضرورت تھی۔

یرمیاہ نبی نے انسانی دِل کے بارے میں یہ کہا۔

دِل سب چیزوں سے زیادہ حیلہ باز اور لا علاج ہے اِس کو کون دریافت کرسکتا ہے؟ (یرمیاہ 9:17)

جب خدا نے نوح کے دور میں انسانی فطرت کو دیکھا تو اُسے کیا نظر آیا؟ پیدائش 5:6 میں انسانی دِل کی حالت کا بیان دیکھیں۔

اور خداوند نے دیکھا کہ زمین پر انسان کی بدی بہت بڑھ گئی ہے اور اُس کے دِل کے تصور اور خیال سدا برے ہی ہوتے ہیں۔

انسانی دِل کے تعلق سے خدا کے اظہار پرغور کریں۔ یرمیاہ 9:17 کے مطابق یہ سب چیزوں سے زیادہ حیلہ باز اور لا علاج ہے۔ اِس کو کون دریافت کرسکتا ہے؟ خدا نے پیدائش 5:6 میں کہا انسان کے دِل کے تصور اور خیال سدا برے ہی ہوتے ہیں۔ یہ الفاظ بہت مذمت آمیز اور معنی خیز ہیں۔انسانی دِل ہمیشہ ہی سے برا اور لا علاج ہے۔ایسے دِل کے ساتھ کوئی بھی خدا کے حضور قابل قبول نہیں ہوسکتا تھا۔خواہ انسان موسیٰ کی معرفت دی جانے والی شریعت کا کتنا ہی وفادار اور پابند کیوں نہ ہو۔اگر ہمارا دِل تبدیل نہ ہوتا تو ہم ہمیشہ ہی خدا سے جدا اور دور بلکہ بہت دور رہتے۔

ہم پہلے ہی اِس بات کا جائزہ لے چکے ہیں کہ خداوند یسوع مسیح کی صلیبی موت نے ہمارے ماضی' حال اور مستقبل کے گناہوں کو ڈھانپ دیا ہے۔ ہمارے گناہوں کی سزا بھی ڈھانپ دی گئی۔ اور اب ہم خدا کے حضور ایسے پاک اور

راستباز ٹھہر چکے ہیں کہ کوئی ایک گناہ بھی ہمارے خلاف ہمیں مجرم ٹھہرانے کیلیے موجود نہیں ہے۔اگر ہمیں خدا کے حضور راستباز ٹھہرنا تھا تو پھر یہ شرعی تقاضا پورا کیا جانا لازم تھا۔

تاہم بطور سردار کاہن خداوند یسوع مسیح کا کام وہیں کا وہیں رُک نہیں گیا۔اُسکی آمد کا مقصد محض ہمارے گناہ معاف کرنا نہیں بلکہ ہمیں خدا کے نزدیک راستباز ٹھہرانا تھا۔وہ ہمیں خدا کے ساتھ ایک نئے رشتہ میں زندگی گزارنے کے لیے ایک نیا طرزِ زندگی دینے کے لیے آیا۔

خداوند یسوع مسیح ایمان لانے والوں کو نیا دِل دینے کے لیے آیا۔یرمیاہ نبی اور حزقی ایل نبی دونوں نے اُس دوَر کے بارے میں پیش گوئی کی جب خدا کے لوگوں نے نیا دِل حاصل کرنا تھا۔جو کچھ خدا کے یہ بندے کہہ رہے ہیں' آئیں اُس پر غور کریں۔

''بلکہ یہ وہ عہد ہے جو میں اُن دنوں کے بعد اسرائیل کے گھرانے سے باندھوں گا۔خداوند فرماتا ہے میں اپنی شریعت اُن کے باطن میں رکھوں گا اور اُن کے دِل پر لکھوں گا اور میں اُن کا خدا ہونگا اور وہ میرے لوگ ہونگے۔اور پھر وہ اپنے اپنے پڑوسی اور اپنے اپنے بھائی کو یہ کہہ کر تعلیم نہیں دیں گے کہ خداوند کو پہچانو۔کیوں کہ چھوٹے سے بڑے تک وہ سب مجھے جانیں گے۔خداوند فرماتا ہے۔اِس لیے کہ میں اُن کی بدکرداری کو بخش دوں گا اور اُن کے گناہ کو یاد نہ کروں گا۔(یرمیاہ 31-33:34)

اور میں اُن کو نیا دِل دوں گا اور نئی روح تمہارے باطن میں ڈالوں گا۔اور سنگین دِل اُن کے جسم سے خارج کر دوں گا اور اُن کو گوشتین دِل عنایت کروں گا۔تاکہ وہ میرے آئین پر چلیں اور میرے احکام پر عمل کریں اور اُن پر کاربند ہوں اور وہ میرے لوگ ہوں گے اور میں اُن کا خدا ہوں گا۔(حزقی ایل 11:19-20)

غور کریں کہ یہ انبیاہ اُس نئے دِل کے تعلق سے کچھ باتیں بتا رہے ہیں جو خدا اپنے لوگوں کو دے گا۔اُس نئے دِل پر خدا کے قوانین اور آئین واحکام لکھے ہونگے۔بالفاظ دیگر' اُس کی رغبت خدا کی راہوں کی پیروی کرنا ہوگی۔یہ نیا دِل فاداری میں اپنی مثال آپ ہوگا۔یہ خدا اور اُسکی راہوں کا طالب ہوگا۔نا کہ پرانے دِل کی طرح گناہ کی طرف راغب یہ گوشتین دِل خدا اور اُسکی آواز کے لیے نہایت نرم اور حساس ہوگا۔اُس کی خوشی خدا کی پیروی کرنا ہوگی اور اُسکی مرضی

ہی اِس نئے دِل کی خوشی اور خرمی ہوگی۔

جنہوں نے نیا دِل پایا وہ بالکل منفرد لوگ بن گئے۔

اِس لیے کہ اگر کوئی مسیح میں ہے تو وہ نیا مخلوق ہے۔ پرانی چیزیں جاتی رہیں۔ دیکھو وہ سب نئی ہوگئیں۔ (2۔کرنتھیوں 5:17)

کیوں کہ نہ ختنہ کچھ چیز ہے اور نہ نامختونی بلکہ نئے سرے سے مخلوق ہونا۔ (گلتیوں 5:16)

خداوند یسوع مسیح ہمیں تبدیل کرنے آئے۔ وہ ہمیں اُن کاہنوں کی طرح عارضی رہائی دینے کیلیے نہیں آئے جو موسیٰ کی شریعت کے تحت خدمت کرتے تھے۔ وہ ہمارے بنیادی اور اصلی مسئلہ یعنی گناہ آلودہ دِل کا علاج کرنے آئے۔ اُس نے نیا دِل دے کر اِس مسئلہ کو ہمیشہ کیلیے حل کر دیا۔ ایک ایسا دِل جو خدا اور اُس کی راہوں کا طالب ہو۔

وہ لوگ جو خداوند یسوع مسیح کو اپنا شخصی نجات دہندہ قبول کرتے ہیں، انہیں نیا دِل کا روّیہ مل جاتا ہے۔ ماضی کی پرانی خواہشیں اور رغبتیں رفتہ رفتہ کمزور پڑنا شروع ہو جاتی ہیں۔ اب اُن کی زندگی میں بادشاہوں کے بادشاہ کی خدمت کرنے کی نئی خواہش اور دلچسپی اُبھرنے لگتی ہے۔ اب یہ لوگ سزا کے خوف سے فرض پورا کرنے کی خاطر لاچاری سے خدمت اور فرماں برداری نہیں کرتے بلکہ دِلی خوشی سے کلام پر عمل کرتے ہیں۔ اپنے خدا کی خدمت اور تابعداری کرنا اُن کے دِل کی خوشی ہوتی ہے۔ خداوند یسوع مسیح شریعت کی گہری ترین آرزو کو پورا کرنے کے لیے آئے۔ یعنی خدا کے بیٹے اور بیٹیوں کی فطرت اِس قدر تبدیل ہو جائے کہ وہ اپنے سارے دِل اور اپنے دِل کی خوشی سے خدا سے محبت رکھیں۔ اب تک آپ یہ سمجھ گئے ہوں گے کہ یہ سب کچھ پرانے گناہ آلودہ فطرت والے دِل کے ساتھ ممکن نہیں تھا۔

باب 9

گناہ پر فتح

اِسی طرح تم بھی اپنے آپ کو گناہ کے اعتبار سے مردہ، مگر خدا کے اعتبار سے مسیح یسوع میں زندہ سمجھو۔ پس گناہ تمہارے فانی بدن میں بادشاہی نہ کرے، کہ تم اُس کی خواہشوں کے تابع رہو۔ اور اپنے اعضا ناراستی کے ہتھیار ہونے کے لیے گناہ کے حوالہ نہ کرو، بلکہ اپنے آپ کو مردوں میں سے زندہ جان کر خدا کے حوالہ کرو۔ اور اپنے اعضا راستبازی کے ہتھیار ہونے کے لیے خدا کے حوالہ کرو۔ اِس لیے کہ گناہ کا تم پر اختیار نہ ہوگا۔ کیوں کہ تم شریعت کے ماتحت نہیں بلکہ فضل کے ماتحت ہو۔ (رومیوں 6:11-14)

مسیح کے آنے سے پیشتر، بنی نوع انسان اپنی گناہ آلودہ فطرت کے غلام تھے۔ تصور کریں کہ ایک مچھلی یہ کہہ رہی ہے کہ میں تو سمندر میں رہتے رہتے اُکتا گئی ہوں۔ اب میں خشک زمین پر رہا کروں گی۔ مچھلی کی فطرت سمندر میں رہنا ہے۔ جس طرح مچھلی خشکی پر نہیں رہ سکتی اِسی طرح ہماری فطرت بھی گناہ سے باز نہیں آسکتی۔ بنی نوع انسان مچھلی کے پانی میں رہنے کی طرح گناہ کے سمندر میں پھنس گئے تھے۔ ہم صرف اور صرف ایک ہی فطرت کے غلام تھے جو کہ گناہ آلودہ فطرت ہے۔

ہم عہدِ عتیق میں بنی اسرائیل پر نگاہ کرتے ہیں اور ہمیں حیرت ہوتی ہے کہ کیوں وہ خداوند اپنے خدا کا بار بار مقابلہ کرتے تھے۔ ہم خدا کے بڑے بڑے مقدسین کو دیکھتے ہیں جو بھیانک گناہوں میں گرفتار ہوئے اور یہ سب ہمارے لیے باعثِ حیرت ہے کہ ایسا کیوں کر ہوا۔ ہم آدم کو ممنوعہ پھل کھاتے، داؤد کو قتل کرتے اور زناکاری کا گناہ چھپانے کی کوشش کرتے۔ سلیمان کو بہت سی بیویوں کے گناہ آلودہ غلبہ کے زیرِ تاب آتے ہوئے، پطرس کو اپنے خداوند کا انکار کرتے اور دوسرے شاگردوں کو باغِ گتسمنی میں اپنے خداوند کو تنہا چھوڑ کر بھاگتے ہوئے دیکھتے ہیں۔ کتابِ مقدس کے صفحات بنی نوع انسان سے سرزد ہونے والی غلطیوں اور خطاؤں سے بھرے پڑے ہیں۔ کیا ہماری سرشت اِس

قدر مجرمانہ ہے کہ ہم روحانی زندگی گزارنے سے قاصر ہیں؟

جو کچھ شریعت کرنے میں بے بس اور بے اختیار تھی' خداوند یسوع نے ہمارے لیے کر دیا۔ وہ ہمیں گناہ پر غلبہ اور فتح دینے کے لیے آئے۔ اُس کا یہ کام تین رخی ہے۔

اول۔ خداوند یسوع مسیح نے شریعت کے تمام تقاضوں کو پورا کیا اور صلیب پر قربان ہو کر ساری سزا برداشت کی۔ اِس کا مطلب ہے کہ اب کوئی گناہ بھی ہمیں آسمانی باپ سے جدا نہ کر سکے گا۔

دوم۔ وہ سب جو خداوند یسوع مسیح کے پاس آتے ہیں، وہ نئی فطرت حاصل کر لیتے ہیں۔ وہ اُنہیں نیا دِل دیتا ہے جو اُس کے لیے گوشتین ہو اور جس کی خوشی اور خرمی اُس کی مرضی پورا کرنا ہو۔ ہم آخری باب میں مختصر طور پر اِس کا جائزہ لیں گے۔

سوم۔ اخداوند' ہمیں قوت دینے' ہمارا تحفظ کرنے اور ہماری رہنمائی کرنے کے لیے ہمارے دِل میں اپنے پاک روح کو لاتا ہے۔ مقدس پولس رسول اِس بات کو یوں واضح کرتے ہیں کہ ایک دیندار اور بیدین میں نمایاں فرق ایماندار کی زندگی میں پاک روح کی حضوری ہے۔ رومیوں 9:8 میں مقدس پولس رسول فرماتے ہیں۔

لیکن تم جسمانی نہیں ہو بلکہ روحانی ہو بشرطیکہ خدا کا روح تم میں بسا ہوا ہے۔

اِن حقائق کا مرکب گناہ اور بدی کے خلاف ایک زبردست ہتھیار ہے۔ خدا اور انسان کے درمیان شرعی رکاوٹ ہمارے گناہوں کی قیمت ادا کیے جانے کے باعث دور ہو چکی ہے۔ اب ہمارے پاس نیا دِل ہے جو خداوند میں اور اُس کی راہوں میں مسرور رہتا ہے اور اُسی کا طالب ہے۔ خداوند یسوع مسیح نے خدا کی مرضی کے مطابق زندگی گزارنے کے لیے' ہمیں اپنی قوت دینے اور اپنی رہنمائی کیلیے اپنا پاک روح ہمارے دِل میں رکھا ہے۔

اِس کا ہرگز یہ مطلب نہیں ہے کہ ہم سے کبھی گناہ سرزد نہیں ہوگا۔ رومیوں 8:12-14 میں، مقدس پولس رسول روم کے ایمانداروں کو چیلنج کرتے ہیں کہ وہ پرانی فطرت کے اعتبار سے مر کر اُس نئی فطرت کے مطابق زندگی گزاریں جو اُنہیں پاک روح کے وسیلہ سے دی گئی ہے۔

''پس اَے بھائیو! ہم قرضدار تو ہیں مگر جسم کے نہیں کہ جسم کے مطابق زندگی گزاریں۔ کیوں کہ اگر تم جسم کے مطابق زندگی گزارو گے تو ضرور مرو گے۔ اور اگر روح سے بدن کے کاموں کو نیست و نابود کرو گے تو جیتے رہو گے۔ اِس لیے کہ جتنے خدا کے روح کی ہدایت سے چلتے ہیں وہی خدا کے بیٹے ہیں۔ (رومیوں 8:12-14)

پولس رسول کلسیوں 3:5-10 میں بھی یہی بات کہتے ہیں۔

پس اپنے اُن اعضا کو مردہ کرو جو زمین پر ہیں یعنی حرامکاری اور ناپاکی اور شہوت اور بری خواہش اور لالچ کو جو بت پرستی کے برابر ہے۔ کہ اِن ہی کے سبب سے خدا کا غضب نافرمانی کے فرزندوں پر نازل ہوتا ہے۔ اور تم بھی جس وقت اِن باتوں میں زندگی گزارتے تھے، اُس وقت اِن ہی پر چلتے تھے۔ لیکن اب تم بھی اِن سب کو یعنی غصہ اور قہر اور بدخواہی اور بدگوئی اور منہ سے گالی بکنا چھوڑ دو۔ ایک دوسرے سے جھوٹ نہ بولو۔ کیوں کہ تم نے پرانی انسانیت کو اُس کے کاموں سمیت اتار ڈالا۔ اور نئی انسانیت کو پہن لیا ہے جو معرفت حاصل کرنے کے لیے اپنے خالق کی صورت پر نئی بنتی جاتی ہے۔

مقدس پولس رسول نے ایمانداروں کو چیلنج دیا کہ وہ جسمانی فطرت کے اعتبار سے مر کر نئی انسانیت کو پہن لیں۔ رومیوں 6:11-14 میں لکھتے ہوئے اُس نے ایمانداروں کو یہ نصیحت کی کہ وہ گناہ کے اعتبار سے خود کر مردہ سمجھیں اور مردوں میں سے زندہ جان کر خود کو مسیح کے حوالہ کریں۔

''اِسی طرح تم بھی اپنے آپ کو گناہ کے اعتبار سے مردہ مگر خدا کے اعتبار سے مسیح یسوع میں زندہ سمجھو۔ پس گناہ تمہارے فانی بدن میں بادشاہی نہ کرے کہ تم اُس کی خواہشوں کے تابع رہو۔ اور اپنے اعضا ناراستی کے ہتھیار ہونے

کے لیے گناہ کے حوالہ نہ کرو۔ بلکہ اپنے آپ کو مردوں میں سے زندہ جان کر خدا کے حوالہ کرو۔ اور اپنے اعضا راستبازی کے ہتھیار ہونے کے لیے خدا کے حوالہ کرو۔

غور کریں کہ مقدس پولس رسول نے روم کے ایمانداروں کو بتایا کہ وہ مردوں میں سے زندہ کیے گئے ہیں۔ ایک وقت تھا کہ وہ خدا کے اعتبار سے مردہ ہونے کی وجہ سے اُس کی مرضی کے مطابق زندگی گزارنے کے قابل نہیں تھے۔ اُب وہ مسیح کے ماتحت ہو کر تبدیل شدہ ہیں۔ اب انہیں نئی فطرت دی گئی ہے۔ اور اب وہ اُس کے روح کی رہنمائی اور اُس کی قوت میں چلنے والے لوگ بن گئے ہیں۔ اگر چہ اب بھی ایمانداروں کو گناہ کے ساتھ کشمکش کا سامنا کرنا پڑتا ہے۔ لیکن اب وہ مسیح یسوع میں اپنے مختلف اور منفرد مقام کے سبب اُس پر غالب آسکتے ہیں۔ اب گناہ کا شرعی اختیار اُن کی زندگیوں پر سے ختم ہو چکا تھا۔ کیوں کہ خداوند یسوع مسیح نے قیمت ادا کر کے انہیں گناہ کی گرفت سے چھڑا لیا تھا۔ اب وہ گناہ آلودہ فطرت میں زندگی گزارنے پر مجبور نہیں تھے۔ کیوں کہ اب انہیں نئی فطرت مل چکی تھی جو کہ خدا کی آواز سننے کے قابل اور اُسکی مرضی کی طالب تھی۔ اب وہ روحانی طور پر ایسے کمزور اور ناتواں نہیں تھے کہ گناہ ہی کرتے رہتے۔ کیوں کہ خدا نے انہیں اپنا پاک روح دیا تھا جس کی طاقت سے اب وہ گناہ پر غالب آسکتے تھے۔

جب تک ہم گناہ بھری دنیا میں رہتے ہیں ہمیں گناہ کے ساتھ کشمکش کا سامنا کرنا پڑے گا۔ گناہ کے باعث آزمائشیں ایمانداروں کو گھیر لیں گی اور بہت سی بھیانک باتیں اُن کے ساتھ واقع ہونگی۔ تاہم ایمانداروں کے پاس گناہ، شیطان اور دنیا کے خلاف نبرد آزما ہونے کیلیے ایک لازمی ہتھیار موجود ہے۔ اِس سے بھی بڑھ کر ایمانداروں کے پاس ایک زندہ اُمید، خود اعتمادی اور یقین دہانی موجود ہے۔ وہ دور آرہا ہے جب خداوند یسوع مسیح گناہ کی عدالت کرے گا اور اُس کے اثرات ہمیشہ ہمیشہ کیلیے ختم کر دے گا۔ آسمان کی بادشاہی کا ذکر کرتے ہوئے مکاشفہ 27:21 میں خدا کا کلام ہمیں بتاتا ہے۔

اور اُس میں کوئی ناپاک چیز یا کوئی شخص جو گھنونے کام کرتا یا جھوٹی باتیں گھڑتا ہے ہرگز داخل نہ ہوگا۔ مگر وہی جن کے نام برہ کی کتابِ حیات میں لکھے ہوئے ہیں۔

جو خداوند یسوع مسیح کے ہو چکے ہیں اُن سب کے لیے وہ دوَر آرہا ہے جب اُنہیں گناہ کے ساتھ کشمکش کا سامنا نہیں کرنا پڑے گا۔ گناہ اور اُسکے اثرات ہمیشہ ہمیشہ کیلیے ختم ہو جائیں گے۔ اُس روز ہر طرح کی بیماری، غم، رنج والم، دکھ درد اور ہر طرح کی آزمائش کافور ہو جائے گی۔ ہم ابدالاباد مسیح کی حضوری میں رہیں گے۔ جہاں گناہ اور اُس کے اثرات پھر کبھی بھی محسوس نہیں کیے جائیں گے۔

خداوند یسوع مسیح اِس نئی فطرت اور اپنے روح کے قوت بخش کام کے وسیلہ سے ہمیں اِس زندگی میں فتح بخشنے کے سبب موسیٰ کی معرفت دی گئی شریعت کو پورا کرنے کے لیے آئے جو اُس نے ہم میں رکھی ہے۔ اُس نے ہم سے آنے والی زندگی میں گناہ اور اُس کے اثرات کو مکمل طور پر ختم کرنے کا وعدہ کیا ہے۔ اب مسیح کے صلیبی کام اور اُس کے روح کے وسیلہ سے گناہ پر فتح ممکن ہے۔ اور جتنے مسیح یسوع کے ہو چکے ہیں اُنہیں آنے والی زندگی میں اِس بات کی بھی ضمانت اور یقین دہانی مل چکی ہے۔

شریعت سے چھٹکارا

اگر خداوند یسوع مسیح نے عہدِ عتیق کی شریعت کو پورا کر دیا ہے، تو کیا اَب بھی مسیحی لوگ اُس کے ماتحت ہیں؟

باب 10

فضل سے نجات

تم جو شریعت کے وسیلہ سے راستباز ٹھہرنا چاہتے ہو مسیح سے الگ ہو گئے اور فضل سے محروم۔ کیوں کہ ہم روح کے باعث ایمان سے راستبازی کی اُمید بر آنے کے منتظر ہیں۔ اور مسیح یسوع میں نہ تو ختنہ کچھ کام کا ہے نہ نامختونی مگر ایمان جو محبت کی راہ سے اَثر کرتا ہے۔ (گلتیوں 5:4-6)

خداوند یسوع مسیح کے صلیبی کام نے شریعت کے تمام تقاضے پورے کرنے کے وسیلہ سے شریعت کو ختم کر دیا۔ اُس کے صلیبی کام پر ایمان لانے والوں کو شریعت کے بغیر راستباز ٹھہرایا جاتا ہے۔ اور ایک نیا دِل اور فتح مند مسیحی زندگی گزارنے کے لیے اُنہیں ضروری ہتھیاروں سے لیس کیا جاتا ہے۔ اب خدا کی عدالت سے مخلصی اور رہائی کا خدا کو خوش کرنے کے لیے ہماری کاوشوں سے کوئی تعلق نہیں ہے۔ اِس کا مطلب ہے کہ جو لوگ پرانے عہد نامہ کی شریعت پر عمل پیرا نہیں ہوتے، اب گناہوں کی معافی کی یقین دہانی اور اِس نجات کا تجربہ حاصل کر سکتے ہیں جو خدا اپنے بیٹے کے وسیلہ سے پیش کرتا ہے۔

ابتدائی کلیسیا کو ایک بڑا مسئلہ درپیش تھا اور وہ یہ کہ نجات میں پرانے عہد نامہ کی شریعت کا کیا کردار ہے۔ بعض لوگوں نے کچھ اِس طرح تعلیم دی کی جب تک کوئی ختنہ نہ کرائے اور موسیٰ کی شریعت پر عمل نہ کرے وہ نجات نہیں پا سکتا۔ (اعمال 1:15) اِس تعلیم نے کلیسیا میں بڑی ہلچل مچادی۔ درحقیقت اِس اہم موضوع پر بات چیت کرنے کے لیے ایک خاص مجلس بلائی گئی۔

اعمال 15 باب ہمیں بتاتا ہے کہ یہ اہم مجلس یروشلیم میں بلائی گئی۔ اِس موضوع پر بہت زیادہ بحث کرنے کے بعد' پطرس، رسولوں اور جمع شدہ بھائیوں کے درمیان کھڑا ہو کر کہنے لگا۔

اَے بھائیو! تم جانتے ہو کہ بہت عرصہ ہوا، جب خدا نے تم لوگوں میں سے مجھے چنا کہ غیر قومیں میری زبان سے خوشخبری کا کلام سن کر ایمان لائیں۔ اور خدا نے جو دِلوں کو جانتا ہے، اُن کو بھی ہماری طرح روح القدس دے کر اُن کی گواہی دی۔ اور ایمان کے وسیلہ سے اُن کے دِل پاک کر کے ہم میں اور اُن میں کچھ فرق نہ رکھا۔ پس اَب تم شاگردوں کی گردن پر ایسا جوا رکھ کر جس کو نہ ہمارے باپ دادا اُٹھا سکتے تھے نہ ہم۔ خدا کو کیوں آزماتے ہو۔ حالانکہ ہم کو یقین ہے کہ جس طرح وہ خداوند یسوع کے فضل ہی سے نجات پائیں گے اسی طرح ہم بھی پائیں گے۔ (اعمال 15:7-11)

پطرس نے اُس دن یہ گواہی بھی دی کہ اُس کی خدمت کے وسیلہ سے غیر قوموں میں خدا کا زبردست کام ہو رہا ہے۔ یہ غیر قومیں پرانے عہد نامہ کی شریعت کو نہیں مانتی تھیں۔ نہ تو وہ ختنہ کرواتیں اور نہ ہی اپنے گناہوں کے لیے کسی قسم کی قربانیاں گزرانتی تھیں۔ اور نہ ہی یہودیوں کی طرح عیدیں اور خاص دنوں کو مناتی تھیں۔ اس حقیقت کے باوجود کہ غیر قوموں کو شریعت سے کوئی سروکار نہیں تھا' خدا بڑی قدرت سے اُنہیں چھو رہا اور اُن کو پاک روح سے معمور کر رہا تھا۔ پطرس کا یہ عقیدہ تھا کہ اگر خدا نے غیر قوموں کو قبول کر لیا ہے جو موسیٰ کی شریعت کو نہیں مانتیں تو پھر کلیسیا کو بھی چاہئے کہ وہ اُنہیں بھی یہودیوں کے ساتھ اُسی معیار کے ساتھ قبول کرلے۔

پولس اور برنباس نے بھی اپنی خدمت میں خدا کے ایسے ہی کام کی گواہی دی۔ کونسل پر دباؤ ڈالا گیا کہ اِس بات کو تسلیم کرلے کہ خدا بلاشبہ غیر قوموں میں عظیم کام کر رہا ہے اور اُن کو بھی پاک روح بخشتا ہے جو موسیٰ کی شریعت کے ماننے والے نہیں ہیں۔ کونسل اِس نتیجہ پر پہنچی کہ ایک شخص شریعت کے بغیر بھی نجات پا سکتا ہے۔ کونسل کے فیصلے نے جھوٹے اُستادوں کی اِس تعلیم کو رد کر دیا کہ ایک شخص کو نجات پانے کیلیے موسیٰ کی شریعت پر عمل کرنا اور ختنہ کروانا لازمی ہے۔ یروشلیم کی کونسل نے اُس دَور کے ایمانداروں کے لیے اِس معاملہ کو ہمیشہ کیلیے نپٹا دیا۔ نجات مکمل طور پر مسیح کے کام پر منحصر ہے۔ اِس سے غیر قوم سے ایمان لانے والے اُن لوگوں کے لیے دروازے کھل گئے جو یہودی معیار کے ایمانداروں کے طور پر مسیح میں بھائی اور بہن کے طور پر قبول کئے جانے کے لیے شریعت پر عمل نہیں کرتے تھے۔

پرانے عہد نامہ میں ''موسیٰ کی شریعت پر عمل پیرا ہوئے بغیر نجات'' عہدِ جدید کی انتہائی اہم تعلیم ہے۔ مقدس پولس

رسول رومیوں 3:20-24 میں، اِس کے بارے میں بڑے واضح طور پر بیان کرتے ہیں۔

''کیوں کہ شریعت کے اعمال سے کوئی بشر اُس کے حضور راستباز نہیں ٹھہرے گا۔ اِس لیے کہ شریعت کے وسیلہ سے تو گناہ کی پہچان ہی ہوتی ہے۔ مگر اَب شریعت کے بغیر خدا کی ایک راستبازی ظاہر ہوئی ہے جس کی گواہی شریعت اور نبیوں سے ہوتی ہے۔ یعنی خدا کی وہ راستبازی جو یسوع مسیح پر ایمان لانے سے سب ایمان لانے والوں کو حاصل ہوتی ہے۔ کیوں کہ کچھ فرق نہیں۔ اِس لیے کہ سب نے گناہ کیا اور خدا کے جلال سے محروم ہیں۔ مگر اُس کے فضل کے سبب سے اُس مخلصی کے وسیلہ سے جو مسیح یسوع میں ہے، مفت راستباز ٹھہرائے جاتے ہیں۔''

غور کریں کہ پولس رسول یہاں پر اس بات کو واضح کرتے ہیں کہ کوئی بھی شخص شریعت پر عمل کرنے سے راستباز نہیں ٹھہرے گا۔ یعنی شریعت پر عمل پیرا ہو کر خدا کے حضور راستباز ٹھہرنا ممکن نہیں ہے۔ پولس رسول مزید بیان کرتے ہیں کہ خدا کے حضور راستباز ٹھہرنا صرف اور صرف خداوند یسوع مسیح کے صلیبی کام پر ایمان لانے کے وسیلہ سے ہی ممکن ہے۔ مقدس پولس رسول کے مطابق اب موسیٰ کی شریعت پر عمل پیرا ہونے والے اور اُس کو نظرانداز کرنے والے یہودیوں کے درمیان کوئی فرق نہیں ہے۔ تمام گناہ گار تھے اور سب کو گناہوں کی معافی کی ضرورت تھی۔ مسیح پر ایمان لانے والوں کو مفت معافی ملتی ہے۔ نجات اور خدا کے حضور راستباز ٹھہرنے کا پرانے عہد نامہ کے آئین و احکام اور قواعد وضوابط سے کوئی تعلق نہیں ہے۔

مقدس پولس رسول رومیوں 3:21 میں اِس بات کو واضح کرتے ہیں کہ پرانے عہد کے انبیاہ اور شریعت سب ایک ایسی نجات کی طرف اشارہ کرتے تھے جو شریعت کے بغیر ملنے والی تھی۔

''مگر اب شریعت کے بغیر خدا کی ایک ایسی راستبازی ظاہر ہوئی ہے جس کی گواہی شریعت اور نبیوں سے ہوتی ہے۔''

ایک شخص کیسے خدا کے حضور راستباز ٹھہرتا ہے؟ مقدس پولس رسول رومیوں 3:22-24 میں، اِس بات کو واضح کرتے ہیں۔

یعنی خدا کی وہ راستبازی جو یسوع مسیح پر ایمان لانے سے سب ایمان لانے والوں کو حاصل ہوتی ہے۔ کیوں کہ کچھ فرق نہیں۔ اِس لیے کہ سب نے گناہ کیا اور خدا کے جلال سے محروم ہیں۔ مگر اُس کے فضل کے سبب سے اُس مخلصی کے وسیلہ سے جو مسیح یسوع میں ہے مفت راستباز ٹھہرائے جاتے ہیں۔
خدا کے حضور راستبازی خداوند یسوع مسیح کے ہمارے لیے انجام دیئے گئے کام پر ایمان لانے سے حاصل ہوتی ہے، قبول کیے جانے کے لیے ہمیں کسی خاص معیار پر پورا نہیں اُترنا پڑتا۔ جو کچھ مسیح نے ہمارے لیے سرانجام دیا ہے ہمیں سادگی سے اُس کام پر ایمان لانا ہے۔

گلتیوں کی کلیسیا کے نام پولس رسول اپنے خط میں اُن لوگوں سے سختی سے ہم کلام ہوتے ہیں جو اِس بات پر اصرار کرتے تھے کہ خدا کے حضور مقبول و منظور ٹھہرنے کیلیے ہمیں شریعت پر عمل کرنا جاری رکھنا ہوگا۔ مقدس پولس رسول کے نزدیک وہ لوگ جو شریعت کی بنیاد پر خدا کے حضور مقبولیت کے خواہشمند تھے وہ "فضل سے نجات" کی تعلیم سے دور گمراہی کی طرف جا رہے تھے۔ وہ اُس کام کی اہمیت کی بھی نفی کر رہے تھے جو مسیح نے اُن کے لیے کیا تھا۔ درحقیقت' وہ یہ کہہ رہے تھے کہ اُنہیں مسیح کی ضرورت نہیں ہے۔ وہ اپنی نجات کے لیے مستحق ہو سکتے ہیں یعنی شریعت پر عمل پیرا ہونے سے نجات اُن کا حق ہوگی۔ وہ مسیح کے کام کو کوئی اہمیت نہیں دے رہے تھے۔

"تم جو شریعت کے وسیلہ سے راستباز ٹھہرنا چاہتے ہو مسیح سے الگ ہو گئے اور فضل سے محروم۔" (گلتیوں 4:5)
مقدس پولس رسول کے نزدیک یہ بات بالکل واضح تھی کہ نجات کا شریعت سے کوئی سروکار نہیں ہے۔ صرف اور صرف اگر کسی کام کی اہمیت ہے تو وہ یہ کہ مسیح کے صلیبی کام پر ایمان لایا جائے۔
"اور مسیح میں نہ تو ختنہ کچھ کام کا ہے نہ نامختونی۔ مگر ایمان جو محبت کی راہ سے اثر کرتا ہے۔" (گلتیوں 6:5)

نئے عہد نامہ کے مصنفین کے ذہنوں میں کوئی شک و شبہ نہیں تھا کہ ایک شخص پرانے عہد نامہ کی شریعت پر عمل پیرا ہوئے بغیر نجات پا سکتا ہے۔ نجات کا کلی دار و مدار صرف اور صرف اُس کام پر ہے جو مسیح نے ہمارے لیے صلیب پر کر دیا ہے۔ ہمارا اعتماد اور بھروسہ صرف اور صرف اُس کام پر ہونا چاہئے جو اُس نے ہمارے لیے کیا ہے۔ نا کہ راستبازی کے اُن کاموں پر جو ہم کر سکتے ہیں۔

باب 11

شریعت کی موت

اَے بھائیو! کیا تم نہیں جانتے (میں اُن سے کہتا ہوں جو شریعت سے واقف ہیں) کہ جب تک آدمی جیتا ہے، اُسی وقت تک شریعت اُس پر اختیار رکھتی ہے؟ چنانچہ جس عورت کا شوہر موجود ہے وہ شریعت کے موافق اپنے شوہر کی زندگی تک اُس کے بند میں ہے۔ لیکن اگر شوہر مر گیا تو وہ شوہر کی شریعت سے چھوٹ گئی۔ پس اگر شوہر کے جیتے جی دوسرے مرد کی ہو جائے تو زانیہ کہلائے گی۔ لیکن اگر شوہر مر جائے تو وہ اِس شریعت سے آزاد ہے۔ یہاں تک کہ اگر دوسرے مرد کی ہو بھی جائے تو زانیہ نہ ٹھہرے گی۔ پس اَے میرے بھائیو! تم بھی مسیح کے بدن کے وسیلہ سے شریعت کے اعتبار سے اِس لیے مردہ بن گئے کہ اُس دوسرے کے ہو جاؤ جو مُردوں میں سے جلایا گیا تاکہ ہم سب خدا کے لیے پھل پیدا کریں۔ (رومیوں 7:1-4)

جب خداوند یسوع مسیح نے صلیب پر جان دی تو کیا واقع ہوا؟ جب اُس نے صلیب پر جان دی تو اُس نے ہمارے تمام گناہوں کی سزا اپنے اُوپر لے لی۔ شریعت جس قیمت کا تقاضا کرتی تھی، اُس نے وہ قیمت ادا کر دی ہے۔ اور یوں ہمیں شریعت کی سزا اور غضب سے آزاد کر دیا۔

اِس کے علاوہ صلیب پر کچھ اور بھی رونما ہوا۔ جب خداوند یسوع مسیح صلیب پر قربان ہوئے تو اُنہوں نے عہدِ عتیق کی شریعت کے تمام تقاضے پورے کر دیئے۔ پورا کرنے کا مطلب ہے تمام تقاضے پورے کر کے کسی چیز کو ختم کر دینا۔ اِس مطالعہ کے شروع میں ہم نے ایک ایسے طالب علم کی مثال کو اپنے سامنے رکھا تھا جو کسی یونیورسٹی سے گریجوایٹ ہو رہا ہے۔ یونیورسٹی کی تعلیم مکمل کرنے کے لیے اُس طالب علم کے لیے ضروری ہے کہ وہ یونیورسٹی کے مقرر کردہ تمام تقاضے پورے کرے۔ اسی لیے مسیح ہماری خاطر صلیب پر قربان ہوا۔ اُس نے شریعت کے تمام تقاضے پورے کر کے اُس کو مکمل کر دیا۔ سچ تو یہ ہے کہ شریعت مسیح کے ساتھ صلیب پر ختم ہو گئی۔ اُسکے ذمہ کرنے کا جو کام تھا اِس نے اُسے مکمل

کر دیا۔اُس نے اُسی دن اس بات کی طرف اشارہ کر دیا تھا کہ اب یہ سب کچھ ایمان کے تحت ہوگا۔

شریعت کا طریقہ کار ختم ہو چکا ہے۔بطور ایماندار یہ بات ہمارے لیے بہت اہم مفہوم رکھتی ہے۔
اِس بات کی وضاحت کے لیے مقدس پولس رسول رومیوں 7:1-4 میں ہمارے رشتہ کو شادی کے بندھن سے تشبیہ دیتے ہیں۔

مسیح کے آنے سے پیشتر پرانے عہد نامہ کے ایماندار شریعت کے ساتھ شادی کی طرح ایک گہرے بندھن میں تھے۔ انہیں اِس شریعت سے وفادار رہنا اور اپنے آپ کو اُس کے لیے وقف کرنا ہوتا تھا۔جب شریعت کا خاتمہ ہو گیا تو یہ سب کچھ بھی بدل گیا۔شریکِ حیات کی موت اُس کے ساتھ کیے گئے عہد و پیمان سے آزاد کر دیتی ہے۔زندہ رہنے والا شخص اب دوبارہ شادی کرنے کے لیے شرعی طور پر آزاد ہو جاتا ہے۔جب خداوند یسوع صلیب پر قربان ہوئے تو کچھ ایسا ہی وقوع پذیر ہوا۔ایماندار موسیٰ کی شریعت کے قواعد و ضوابط سے آزاد ہو گئے اور انہیں مسیح کے ساتھ ایک نئے عہد میں بندھنے کے لیے بلایا گیا۔

ایماندار لوگ اب مسیح کیلیے وقف شدہ ہیں۔اب اُنہیں دیگر سب چیزوں کا انکار کرتے ہوئے اپنا توکل اور بھروسہ صرف اور صرف مسیح پر کرنا ہے۔اب وہ اپنے سابقہ شریکِ حیات کے ماتحت نہیں ہیں۔درحقیقت اب اُس پرانے ساتھی کی تمنا اور آرزو بالکل غیر واجب ہوگی۔مسیح کے ساتھ شامل ہونے سے ہم اپنے پرانے ساتھی کو ترک کرتے ہیں۔لازم ہے کہ اب ایماندار شریعت کے طریقۂ کار سے دستبردار ہو جائیں اور صرف مسیح پر ہی اپنا توکل اور بھروسہ کریں۔
اب ہم شریعت سے آزاد ہو کر مسیح اور روح کے نئے طریقۂ کار کے ساتھ ایک ہو چکے ہیں۔

''لیکن جس چیز کی قید میں تھے اُس کے اعتبار سے مر کر اَب شریعت سے ایسے چھوٹ گئے کہ روح کے نئے طور پر نہ کہ لفظوں کے پرانے طور پر خدمت کرتے ہیں۔'' (رومیوں 6:7)

بہت سے لوگوں نے اِس حقیقت کو قبول کرنے سے انکار کر دیا ہے کہ اُن کا پرانا شریکِ حیات مر چکا ہے۔ وہ شریعت کے طریقہ کار کے تحت خدا کے حضور مقبول ومنظور ٹھہرنے کے لیے ابھی تک شریعت سے لپٹے ہوئے ہیں۔ وہ اب بھی شریعت کے طالب ہیں اور اپنی کاوشوں سے خدا کے حضور مقبول ٹھہرنا چاہتے ہیں۔ وہ مسیح کے ساتھ اپنے رشتہ میں نشوو نما نہیں پا سکتے کیونکہ وہ اب بھی اُس شریکِ حیات کے ساتھ بندھے ہوئے ہیں جو دو ہزار سال پہلے مر گیا تھا۔ وہ اِس بات کو سمجھنے سے قاصر ہیں کہ صرف اور صرف مسیح کے کام کے وسیلہ سے ہی مسیح یسوع میں قبول کیے جا سکتے ہیں۔

کیا خداوند یسوع مسیح نے مکمل طور پر شریعت کو پورا نہیں کیا؟ کیا وہ ہمیں اُسکے ایسے معیار سے آزاد کرنے کے لیے قربان نہیں ہوا جس تک انسان کی رسائی ممکن نہ تھی؟ کیا شریعت کا مقصد ہماری رہنمائی خداوند یسوع مسیح اور اُس کے صلیبی کام کی طرف کرنا نہیں تھا؟ کیا یسوع ہمیں بلا نہیں رہا کہ ہم صرف اور صرف اُس پر ہی توکل اور بھروسہ کریں؟ شریعت کے طور طریقوں سے لپٹے رہنا' اِس بات کو سمجھنے میں ناکامی ہے کہ شریعت کا مقصد ہماری رہنمائی خداوند یسوع مسیح اور اُسکے صلیبی کام کی طرف کرنا تھا۔

بطور ایماندار ہم پر ذِمہ داری عائد ہوتی ہے کہ ہم شریعت کے پرانے طور طریقوں کی طرف سے مر جائیں۔ مقدس پولس رسول ہمیں رومیوں 4:7 میں بتاتے ہیں۔

''پس اَے میرے بھائیو! تم بھی مسیح کے بدن کے وسیلہ سے شریعت کے اعتبار سے اِس لیے مردہ بن گئے کہ اُس دوسرے کے ہو جاؤ جو مردوں میں سے جلایا گیا تا کہ ہم سب خدا کے لیے پھل پیدا کریں۔''

مسیح اور اُس کے کام پر ایمان رکھنے والے لوگوں کی حیثیت سے ہم شریعت اور اُس کے پرانے طور طریقوں کے طالب نہیں ہوتے۔ اب ہمارا مکمل بھروسہ اور توکل مسیح اور اُس کے صلیبی کام پر ہونا چاہئے۔ اب ہمیں شریعت کے طریقوں کو ترک کرنا ہوگا۔ اِس سے کچھ بھی کم کا مطلب مسیح سے بے وفائی اور اُس کے صلیبی کام کا انکار ہوگا۔

باب 12

شریعت بطور ہماری سر پرست

لیکن میں یہ کہتا ہوں کہ وارث جب تک بچہ ہے، اگر چہ وہ سب کا مالک ہے اُس میں اور غلام میں کچھ فرق نہیں۔ بلکہ جو معیاد باپ نے مقرر کی ہے۔ اُس وقت تک سر پرستوں اور مختاروں کے اختیار میں رہتا ہے۔ اسی طرح جب تم بھی بچے تھے تو دنیوی ابتدائی باتوں کے پابند ہو کر غلامی کی حالت میں رہے۔ لیکن جب وقت پورا ہو گیا تو خدا نے اپنے بیٹے کو بھیجا جو عورت سے پیدا ہوا اور شریعت کے ماتحت پیدا ہوا۔ تا کہ شریعت کے ماتحتوں کو مول لے کر چھڑا لے اور ہم کو لے پالک ہونے کا درجہ ملے۔ اور چونکہ تم بیٹے ہو اِس لیے خدا نے اپنے بیٹے کا روح ہمارے دِل میں بھیجا، جو آبا یعنی اَے باپ کہہ کر پکارتا ہے۔ پس اب تو غلام نہیں بلکہ بیٹا ہے۔ اور جب بیٹا ہوا تو خدا کے وسیلہ سے وارث بھی ہوا۔ (گلتیوں 4:1-7)

پچھلے باب میں ہم نے دیکھا کہ کیسے پولس رسول نے ہمارے رشتہ کو شریعت کے ایک ایسے ساتھی سے تشبیہ دی جو مر چکا ہے؟ کیوں کہ شریعت کے ضابطے اب قابل نافذ نہیں رہے۔ اب ہم مسیح کے ساتھ شامل ہونے اور روح کے نئے طور پر چلنے کے لیے شریعت سے آزاد ہو چکے ہیں۔ مقدس پولس رسول ہمیں رومیوں 8:1-2 میں بتاتے ہیں۔

''پس اَب جو مسیح یسوع میں ہیں اُن پر سزا کا حکم نہیں۔ کیوں کہ زندگی کے روح کی شریعت نے مسیح یسوع میں مجھے گناہ اور موت کی شریعت سے آزاد کر دیا۔''

پولس رسول اور ابتدائی ایمانداروں کے ذہن میں قطعاً کوئی شک نہیں تھا کہ وہ شریعت کے طور طریقوں سے آزاد ہو چکے ہیں۔

گلتیوں 4:1-7 میں مقدس پولس رسول زندگی کی ایک اور تصویر کو اِس بات کی وضاحت کے لیے استعمال کرتے ہیں کہ کیسے ہم شریعت سے آزاد ہوئے ہیں۔ وہ پرانے عہد نامہ کی شریعت سے ہمارے رشتہ کو ایک بچے سے تشبیہ دیتے ہیں جو اپنے باپ کی میراث کا وارث ہوتا ہے۔ وہ اپنے قارئین کو یاد دلاتے ہیں کہ یہ بچہ اپنی زندگی کے ابتدائی سالوں میں کسی طور پر بھی غلاموں سے مختلف نہیں ہوتا۔ اگر چہ وہ اپنے باپ کی تمام میراث کا مالک اور وارث ہوتا ہے۔ تو بھی جب تک وہ بچہ ہے اپنی میراث کے حصہ سے کوئی فائدہ نہیں لے سکتا۔ جب تک وہ بڑا نہیں ہو جاتا وہ اپنے سرپرستوں اور امانت داروں کے ماتحت رہے گا۔ اُسے اُن کی سننا اور اُن کی تابعداری کرنا پڑے گا۔ صرف اُسی لمحہ جس کا باپ فیصلہ کرے، وہ جائیداد کا مختار بن سکے گا۔ اُس وقت' وہ اپنے اُستادوں اور سرپرستوں سے آزاد ہو کر اپنی دولت سے لطف اندوز ہو سکے گا۔

جب بچہ اپنی بالغ عمر کو پہنچتا ہے تب اُس کا اپنے سرپرست سے رشتہ تبدیل ہو جاتا ہے۔ کردار یکسر بدل جاتے ہیں۔ اب سرپرست کا اُس وارث بچے پر مزید کوئی اختیار نہیں رہتا۔ اب وہ اپنے سرپرست کے سامنے کسی بات کے لیے جوابدہ نہیں ہوتا۔ وہ اپنے سرپرست کی نگہداشت سے آزاد ہو جاتا ہے۔

مقدس پولس رسول کے مطابق شریعت بھی اِسی سرپرست کی مانند تھی۔ اُس کا کردار ہمارا تحفظ اور ہماری رہنمائی کرنا تھا۔ اُس نے ہماری میراث کی طرف رہنمائی کی اور ہمیں اُس میراث کو قبول کرنے کے لیے تیار کیا۔ جب تک ہم اُس شریعت کی سرپرستی میں تھے ہم پر اُس کی تابعداری کرنا فرض تھا۔ جب وقت پورا ہوا تو باپ نے اپنے بیٹے یسوع کو بھیجا تا کہ ہمیں شریعت سے آزاد کر کے ہمیں ہماری میراث دے۔ اب خداوند یسوع مسیح کے ساتھ ہم اپنے تعلق اور رشتہ کی بنیاد پر تمام روحانی برکات کا تجربہ کرتے ہیں۔

یسوع مسیح کے کام کے وسیلہ سے ہمیں اپنی میراث لینے کے لیے تیار کیا گیا۔ گناہ کی دیوار کو گرا دیا گیا' ہمیں نیا دِل دیا گیا اور خدا کے روح نے ہماری زندگی کو اپنا مسکن بنا لیا۔ گناہ پر فتح مند زندگی گزارنے کے لیے ہمیں جو کچھ درکار تھا وہ سب ہمیں دے دیا گیا ہے۔ اب مسیح کے پورے وارث ہونے کی حیثیت سے اب پرانے سرپرست کا ہم پر کوئی اختیار نہیں رہا۔

افسیوں 2:14-15 میں مقدس پولس رسول خداوند یسوع مسیح کے کام کا ذکر کرتے ہوئے بیان کرتے ہیں۔

''کیوں کہ وہی ہماری صلح ہے۔جس نے دونوں کو ایک کرلیا اور جدائی کی دیوار کو جو بیچ میں تھی ڈھادیا۔ چنانچہ اُس نے اپنے جسم کے ذریعہ سے دشمنی یعنی وہ شریعت جس کے حکم ضابطوں کے طور پر تھے،موقوف کر دی۔ تا کہ دونوں سے اپنے آپ میں ایک نیا انسان پیدا کر کے صلح کرادے۔''

خداوند یسوع مسیح نے اپنی صلیبی موت کے وسیلہ سے شریعت کو اُس کے تمام آئین و احکام اور ضابطوں سمیت پورا کر دیا ہے۔شریعت بطور ہماری سرپرست اور معلم اپنی ذمہ داریوں سے فارغ ہو چکی ہے۔ پرانے عہد نامہ کی شریعت وفادار اور اچھی سرپرست تھی۔لیکن جب سے خداوند یسوع مسیح مصلوب ہو کر دفن ہونے کے بعد زندہ ہو چکے ہیں،اُس وقت سے اب تک ایماندار کی زندگی میں اُس کے ادا کرنے کے لیے کوئی کردار باقی نہیں بچا۔

عبرانیوں 8:7-13 ہمیں یرمیاہ نبی کی معرفت کیا گیا کلام یاد کراتا ہے جس نے کہا۔

''دیکھ وہ دن آتے ہیں خداوند فرماتا ہے۔ جب میں اسرائیل کے گھرانے اور یہوداہ کے گھرانے کے ساتھ نیا عہد باندھوں گا۔اُس عہد کے مطابق نہیں جو میں نے اُن کے باپ دادا سے کیا۔ جب میں نے اُن کی دستگیری کی تا کہ اُن کو ملکِ مصر سے نکال لاؤں اور اُنہوں نے میرے اُس عہد کو توڑا۔اگر چہ میں اُن کا مالک تھا خداوند فرماتا ہے۔

(یرمیاہ 31:31-32)

یرمیاہ نبی اِس بات کو واضح کرتے ہیں کہ خدا اپنے لوگوں کے ساتھ ایک نیا عہد باندھے گا۔ یہ عہد پرانے عہد کی مانند نہیں ہوگا۔(یرمیاہ 31:32,8,9) یہ ایک نیا عہد ہوگا۔اُس پرانے عہد کو اُس کے قوانین اور اصول وضوابط سمیت کیا ہو گیا؟ عبرانیوں کا مصنف عبرانیوں 8:13 میں مزید وضاحت سے بیان کرتا ہے۔

اور جب اُس نے نیا عہد کہا تو پہلے کو پرانا ٹھہرایا اور جو چیز پرانی اور مدت کی ہو جاتی ہے،وہ مٹنے کے قریب ہوتی ہے۔

نیا عہد جو خدا نے باندھنا تھا اُس نے پرانے عہد کی جگہ لینی تھی۔ پرانا عہد نامہ منسوخ کر دیا گیا۔ اُس پرانے عہد نامہ کے ذِمہ جو کام تھا اُس نے وہ کام مکمل کر لیا ہے اور اِس نئے کام کی جگہ کوئی نیا کام نہیں لے سکتا۔ پرانا عہد نامہ اپنے تمام تر ضابطوں اور ذِمہ داریوں سمیت ختم ہو گیا۔ ہم اُس کے اختیار سے مخلصی پا چکے ہیں۔

خواہ یہ سابقہ شریکِ حیات کی مثال ہو وارث کا اپنے سرپرست سے رشتہ کی مثال یا پھر پرانے عہد نامہ کی جگہ نئے عہد کی حقیقت ہو۔ پولس رسول کا مقصد اپنے قارئین کو یہ باور کروانا ہے کہ بطور ایماندار اَب ہماری حیثیت اور مقام یکسر تبدیل ہو چکا ہے۔ پرانا عہد نامہ مسیح کے آنے تک ہمارا سرپرست تھا۔ اب شریعت کے ساتھ ہمارا تعلق ختم ہو چکا ہے۔ اب ہم اُس سے آزاد ہو چکے ہیں تاکہ روح کے نئے طور پر خدمت کر سکیں۔

باب 13

نیا رہنما

پس اَب جو مسیح یسوع میں ہیں اُن پر سزا کا حکم نہیں۔ کیونکہ زندگی کے روح کی شریعت نے مسیح یسوع میں مجھے گناہ اور موت کی شریعت سے آزاد کر دیا۔ اِس لیے کہ جو کام شریعت جسم کے سبب سے کمزور ہو کر نہ کر سکی وہ خدا نے کیا یعنی اُس نے اپنے بیٹے کو گناہ آلودہ جسم کی صورت میں اور گناہ کی قربانی کے لیے بھیج کر جسم میں گناہ کی سزا کا حکم دیا۔ تا کہ شریعت کا تقاضا ہم میں پورا ہو۔ جو جسم کے مطابق نہیں بلکہ روح کے مطابق چلتے ہیں۔ (رومیوں 8:1-4)

رومیوں 7:14-24 میں پولس رسول گناہ کے ساتھ اپنی کشمکش کو بڑی تفصیل سے بیان کرتے ہیں۔ اُسے بڑی مایوسی کا سامنا کرنا پڑا جب اُس نے خود کو وہ کرتے پایا جو وہ کرنا نہیں چاہتا تھا۔ وہ تو اچھے کام کرنا چاہتا تھا۔ لیکن گناہ کے ساتھ کشمکش کا مسئلہ اُس میں موجود تھا۔ اُس کی اپنی قوت اُس بدی پر غالب آنے کے لیے ناکافی تھی۔ جو اُس میں موجود تھی۔ اپنے دِل سے تو وہ خدا کی راہوں کا طالب تھا لیکن اُس نے اپنے آپ کو ابھی تک جسم کی گناہ آلودہ رغبتوں اور خواہشوں سے جنگ کرتے ہوئے پایا۔ رومیوں 7:24 میں مقدس پولس رسول پکار اُٹھے۔

''ہائے میں کیسا کمبخت آدمی ہوں۔ اِس موت کے بدن سے مجھے کون چھڑائیگا؟''

پولس رسول آٹھویں باب میں اپنے قارئین کو یاد دلاتے ہیں کہ گناہ کی سزا مکمل طور برداشت کر لی گئی ہے۔ ''پس اب جو مسیح یسوع میں ہیں اُن پر سزا کا حکم نہیں۔'' پولس رسول پہلی آیت میں گناہ کے ساتھ اپنی کشمکش کے حوالہ سے بڑی وضاحت کے ساتھ بیان کرتے ہیں کہ اُسکے تمام شرعی اور قانونی تقاضے پورے ہو چکے ہیں۔ اور اب یہ گناہ کبھی بھی اُسے خدا سے جدا نہیں کر سکے گا۔ یہاں پر پولس رسول کے دِل کی پکار خدا کے حضور مقبول و منظور ٹھہرنے کے لیے نہیں تھی بلکہ گناہ پر جاری رہنے والی فتح میں اُس کی خدمت کرتے ہوئے اپنی محبت کے اظہار کے لیے تھی۔

یہ بات سچ ہے کہ بطور ایماندار ہم کاملیت سے بہت دور ہیں۔لیکن اِس بات کا قوی امکان ہے کہ نہ صرف ایمانداروں سے گناہ کا سرزد ہو جانا ممکن ہے بلکہ اکثر و بیشتر ایسا ہوگا۔ پولس رسول کو خود بھی گناہ کے ساتھ کشمکش کا سامنا کرنا پڑا۔ اُسے اِس حقیقت میں بڑی تسلی ملی کہ مسیح کی موت میں تمام گناہوں کی سزا برداشت کر لی گئی ہے۔اگر چہ ایمانداروں سے گناہ سرزد ہو بھی جائے تو بھی وہ گناہ انہیں مسیح کی محبت سے جدا نہیں کر سکے گا۔

چونکہ مسیح میں ہمارا راستباز ٹھہرنا یقینی تو ہے لیکن یاد رکھیں کہ ہمارے گناہ آلودہ روّیوں اور بدکرداریوں کے باعث یہ رفاقت ٹوٹ بھی سکتی ہے۔ایک ایماندار خدا کے ساتھ قربت جبکہ گناہ کے سبب خداوند کے ساتھ اپنی رفاقت میں دوری کا تجربہ بھی کر سکتا ہے۔گناہ مسیح کے ساتھ میری گہری قربت اور رفاقت میں خلل پیدا کر سکتا ہے۔لیکن یہ میری نجات کو مجھ سے چھین نہیں سکتا۔اب ایمانداروں پر سزا کا حکم نہیں ہے۔کیونکہ یسوع نے اُن کے سب گناہوں یعنی ماضی، حال اور مستقبل کے گناہوں کی سزا اپنے اُوپر لے لی ہے۔

گناہ کے ساتھ کشمکش میں پولس رسول کو ایک اور بڑی تسلی اِس حقیقت سے ملی کہ خدا نے نہ صرف سزا کی قیمت کا احاطہ کیا بلکہ اِس گناہ پر ہر روز فتح کو بھی یقینی بنا دیا ہے۔وہ روم میں موجود مسیحیوں کو بتاتے ہیں کہ اب ایماندار کی زندگی میں ایک نئی شریعت کارفرما ہے۔

> کیونکہ زندگی کے روح کی شریعت نے مسیح یسوع میں مجھے گناہ اور موت کی شریعت سے آزاد کر دیا۔
> (رومیوں 2:8)

پولس رسول اِس آیت میں دو طرح کی شریعتوں کے بارے میں بیان کرتے ہیں۔ہم پہلے ہی گناہ اور موت کی شریعت کا جائزہ لے چکے ہیں۔یہ واضح طور پر پرانے عہد نامہ میں موسیٰ کی شریعت کی طرف اشارہ ہے۔جس کی اطاعت پورے طور پر کوئی بھی نہ کر سکتا تھا۔اِس شریعت نے ہم پر ہماری ضرورت کو واضح کرتے ہوئے بطور گناہ گار ہمیں مجرم ٹھہرایا جو کہ خدا کے معیار پر پورے نہیں اتر سکتے تھے۔یہ شریعت عدالت اور موت کا باعث بنی۔
ایک اور طرح کی شریعت جس کا حوالہ پولس رسول رومیوں 2:8 میں دیتے ہیں۔وہ زندگی کے روح کی شریعت ہے۔

وہ روم کے ایمانداروں کو بتاتے ہیں کہ ''اِس زندگی کے روح کی شریعت نے اُسے موت اور گناہ کی شریعت سے آزاد کر دیا ہے۔'' یرمیاہ نبی نے اِس بات کی پیش گوئی کی کہ وہ دن آتے ہیں جب خدا اپنے لوگوں سے ایک نیا عہد باندھے گا۔ یرمیاہ 33:31 کے مطابق اِس نئے عہد کے تحت جو اہم تبدیلیاں واقع ہونگی وہ یہ ہیں کہ خدا اپنے آئین و احکام اپنے لوگوں کے ذہنوں اور دِلوں پر لکھے گا۔

بلکہ یہ وہ عہد ہے جو میں اُن دنوں کے بعد اسرائیل کے گھرانے سے باندھوں گا۔ خداوند فرماتا ہے۔ میں اپنی شریعت اُن کے باطن میں رکھوں گا اور اُن کے دِل پر لکھوں گا اور میں اُنکا خدا ہوں گا اور وہ میرے لوگ ہونگے۔
(یرمیاہ 33:31)

پرانے عہد نامہ کی شریعت پتھر کی لوحوں پر لکھی ہوئی تھی۔ جبکہ نئے عہد نامہ کی شریعت خدا کے لوگوں کے دِلوں اور ذہنوں پر لکھی گئی۔ یعنی وہ لوگ جو اُس کے ہو چکے ہیں؛ اُن کے کردار میں تبدیلی پیدا ہو جائے گی۔

2۔ کرنتھیوں 3:3 میں مقدس پولس رسول کرنتھس کی کلیسیا سے ہم کلام ہوتے ہوئے بیان کرتے ہیں۔
''ظاہر ہے کہ تم مسیح کا وہ خط ہو جو ہم نے خادموں کے طور پر لکھا۔ سیاہی سے نہیں بلکہ زندہ خدا کے روح سے۔ پتھر کی تختیوں پر نہیں بلکہ گوشت کی یعنی دِل کی تختیوں پر۔
جب پولس رسول نے کرنتھس کے ایمانداروں کو دیکھا تو اُسے معلوم ہوا کہ وہ بے دِلی سے کسی بیرونی (جسکا تعلق دل سے نہ ہو) شریعت کی پیروی نہیں کر رہے تھے۔ اُن کے دِل واقعی تبدیل ہو چکے تھے۔ وہ جو مسیح کے پاس آتے ہیں انہیں ایک نیا دِل ملتا ہے۔ یہ دِل اُن کے پرانے دِل کی مانند نہیں۔ اِس نئے دِل میں خدا کے لیے نرمی اور خدا کے کلام اور اُس کی باتوں کے لیے ایک تڑپ پائی جاتی ہے۔ یہ دِل اب خدا کے روح کی آواز سن سکتا اور اُس کی رہنمائی میں چل سکتا ہے۔

پرانی فطرت میں خدا کے کلام اور اُس کی باتوں کے لیے کوئی تڑپ نہ تھی۔ اور نہ ہی وہ خدا اور اُسکی رہنمائی کے لیے حساس تھی۔ مسیح کے صلیبی کام نے ہمیں نیا دِل دینے کے وسیلہ سے پرانی فطرت کو یکسر بدل دیا۔

مقدس پولس رسول رومیوں 6:8 میں ہمیں بتاتے ہیں۔ ''مگر جسمانی نیت موت ہے مگر روحانی نیت زندگی اور اطمینان ہے۔ پولس رسول ایمانداروں کو دی جانے والی نئی نیت کے تعلق سے دو چیزیں بیان کرتے ہیں۔

پرانی گناہ آلودہ فطرت اور نیت نہ تو خدا کی چیزوں کے بارے میں دلچسپی رکھتی تھی اور نہ ہی یہ روحانی حقائق کو سمجھتی تھی۔ تاہم روحانی نیت قطعی مختلف ہے۔ یہ خدا اور اُس کی راہوں کے لیے زندہ اور حساس ہے۔ یہ وہ نیت ہے جو خدا کے روح کی رہنمائی اور ہدایات کیلیے بہت حساس ہوتی ہے۔

اِس بات پر بھی غور کریں کہ روحانی نیت زندگی اور اطمینان ہے۔ یہ نئی نیت پرانی نیت کی طرح نہیں ہے۔ پیدائش 5:6 میں خدا کا کلام انسانی نیت کے بارے میں بیان کرتا ہے۔

اور خداوند نے دیکھا کہ زمین پر انسان کی بدی بہت بڑھ گئی ہے۔ اور اُس کے دِل کے خیال اور تصور سدا بُرے ہی ہوتے ہیں۔

پرانی نیت کے خیال اور تصور ہمیشہ ہی سے خدا کے خلاف ہیں۔ خدا یہاں پر بتا رہا ہے کہ انسان کے دِل کے خیال اور تصور سدا بُرے ہی ہوتے ہیں۔ پرانی اور گناہ آلودہ فطرت خدا کی مخالف اور اُس کے تابع ہونے سے قاصر تھی۔

اِس لیے کہ جسمانی نیت خدا کی دشمنی ہے کیوں کہ نہ تو خدا کی شریعت کے تابع ہے اور نہ ہو سکتی ہے۔ اور جو جسمانی ہیں وہ خدا کو خوش نہیں کر سکتے۔ (رومیوں 8:7-8)

تاہم ایماندار ایک ایسی نیت اور سوچ رکھتا ہے جس پر خدا کے روح کا تسلط ہوتا ہے۔

لیکن تم جسمانی نہیں بلکہ روحانی ہو بشرطیکہ خدا کا روح تم میں بسا ہوا ہے۔ مگر جس میں مسیح کا روح نہیں وہ اُس کا نہیں۔ (رومیوں 9:8)

یہ آیات ہمیں کیا سکھاتی ہیں؟ اِن آیات سے ظاہر ہوتا ہے کہ خدا نے ایمانداروں کو ایک نئی فطرت دی ہے۔ (ذہن

اور دِل) جو اُس کی آواز سن سکتی اور اُس کی راہوں کے لیے نرم گوشہ رکھتی ہے۔ اُس نے ہر ایماندار کی حفاظت، رہنمائی اور اُسے قوت سے ملبس کرنے کے لیے اپنا پاک روح دیا ہے تا کہ وہ اُس کی دِل پسند راہوں پر چل سکے۔
یوں ایماندار کی زندگی میں ایک بہت بڑی کشمکش کا آغاز ہو جاتا ہے۔ پرانی نیت تو جسم کی رغبتوں اور خواہشوں کو پورا کرنا چاہتی ہے۔ ایماندار میں نئی نیت خدا اور اُس کی راہوں کی بھوکی اور پیاسی ہوتی ہے۔ پولس رسول نے تمام ایمانداروں کو یہ چیلنج دیا کہ وہ پرانی باتوں، روّیوں اور عادات کو ختم کر دیں۔ اور خدا کے روح کی ہدایات اور رہنمائی میں چلیں۔

کیوں کہ اگر جسم کی مطابق زندگی گزارو گے تو ضرور مرو گے۔ اور اگر روح سے بدن کے کاموں کو نیست و نابود کرو گے تو جیتے رہو گے۔'' (رومیوں 13:8)

رومیوں 17:8 پر غور کریں کہ وہ زندگی جو خدا کے روح کی رہنمائی اور ہدایات اور قوت میں چلتی ہے ہمیشہ ہی آسان اور سہل نہ ہو گی۔ بعض اوقات ہمیں مسیح کے دکھوں میں شریک ہونے کے مواقع بھی میسر ہوں گے۔

اور اگر فرزند ہیں تو وارث بھی ہیں۔ یعنی خدا کے وارث اور مسیح کے ہم میراث۔ بشرطیکہ ہم اُس کے ساتھ دُکھ اٹھائیں تا کہ اُس کے ساتھ جلال بھی پائیں۔

روح میں زندگی بعض اوقات ایذا رسانی اور سختیوں کی طرف ہماری رہنمائی کرے گی۔ وہ لوگ جو روح میں زندگی گزارتے اور روح کی قوت اور رہنمائی میں چلتے ہیں انہیں ایذا رسانی کے لیے بھی تیار رہنا چاہئے۔ یہ دنیا ہمیں یا ہماری زندگی میں روح کی رہنمائی کو نہیں سمجھ پائے گی۔ ہم اِس دنیا میں قطعی مختلف اور منفرد قسم کے لوگ دکھائی دیں گے۔ ممکن ہے کہ لوگ ہمارا مضحکہ اڑائیں اور ہمیں رد کریں۔ بعضوں کو روح کی رہنمائی میں چلنے اور اُسکی تابعداری کی وجہ سے دُکھ اٹھانا جبکہ بعض کو موت کا مزا بھی چکھنا پڑے گا۔ غور کریں کہ جو لوگ مسیح کے دکھوں میں شامل ہوں گے، وہ اُسکے ساتھ جلال بھی پائیں گے۔ وہ دن آنے والا ہے جب ایماندار یہ آواز سنیں گے ''شاباش'' وہ اُسکے جلال کی خوشی میں ہمیشہ کے لیے داخل ہو جائیں گے۔

روح میں زندگی ایک فتح مند مسیحی زندگی ہے۔ رومیوں 8:23-38 میں مقدس پولس رسول اِس بات کو واضح کرتے ہیں کہ کوئی چیز ہمیں اپنے باپ کی محبت سے جدا نہیں کرسکتی۔ ہماری فتح یقینی ہے۔ کوئی اس فتح کو ہم سے چھین نہیں سکتا۔

وہ لوگ جو مسیح کے ہوجاتے ہیں، وہ تبدیل شدہ لوگ بن جاتے ہیں۔ انہیں مسیح اور اُس کی راہوں کی جستجو کے لیے ایک نیا دِل اور نیا ذہن دے دیا جاتا ہے۔ پاک روح اُنہیں اپنا مسکن بنالیتا ہے۔ اُنہیں خدا کے روح سے قوت ملتی ہے اور وہ اُس کی رہنمائی میں چلتے اور اُس سے تعلیم یافتہ ہوتے ہیں۔ پاک روح کی خواہش ہوتی ہے کہ مسیح کی راہوں میں اُن کی رہنمائی کرے۔ کیوں کہ مسیح نے ہمیں ایک نیا دِل اور نیا ذہن دیا ہے۔ ہم میں یہ استعداد پیدا ہوگئی ہے کہ ہم اُس کے روح کی آواز سن سکیں اور اُس کی رہنمائی میں آگے بڑھ سکیں۔ کہنے کا یہ مطلب نہیں کہ ہم ہمیشہ ہی تابعدار رہیں گے۔ کہنے کا یہ مطلب ہے کہ گناہوں کی معافی کی یقین دہانی' نئے دِل اور ذہن میں خدا کے روح کی موجودگی کی صورت میں اب فتح ممکن ہے۔

پرانے عہد نامہ کے تحت خدا نے گناہ آلودہ فطرت والے لوگوں کو ماننے کے لیے ایسی شریعت اور قواعد وضوابط اور آئین اور احکام دیئے جنکا تعلق دِل کی تبدیلی سے نہیں تھا۔ وہ بری طرح ناکام ہوگئے۔ اِس نئے عہد کے تحت خدا نے اپنے لوگوں کو ایک نیا دِل دیا ہے، جس پر اُس نے اپنے قوانین اور آئین اور احکام لکھے ہیں۔ اُس نے انہیں اپنا پاک روح بھی دیا ہے جو اُنہیں خدا کی راہوں پر چلنے کے لیے رہنمائی اور قوت بخشتا ہے۔ پرانے عہد نامہ کا مقصد مسیح اور روح کی نئی راہوں کی طرف ہماری رہنمائی کرنا تھا۔ اب ایماندار کی زندگی میں یہ بلاہٹ پائی جاتی ہے کہ وہ خدا کے روح کی رہنمائی اور ہدایت میں زندگی بسر کرے۔ کیوں کہ وہی ہمارا ایسا مددگار ہے جو تمام سچائی کی راہ اور عملی زندگی میں ہمارا رمددگار اور رہنما ہے۔

فضل کے تحت زندگی گزارنا

اگرچہ ہم پرانے عہد نامہ کے ایماندار نہیں، تو بھی یاد رکھیں کہ ہم اپنی من مرضی کرنے کے لیے آزاد نہیں ہیں۔ اَب تو فضل کے تقاضے اور بھی زیادہ ہیں کیوں کہ ہم زندہ خدا کا مسکن ہیں اور خدا کا روح ہم میں بسا ہوا ہے۔

باب 14

روح میں چلنا

اور اگر تم روح کی ہدایت سے چلتے ہو تو شریعت کے ماتحت نہیں رہے۔ اَب جسم کے کام تو ظاہر ہیں، یعنی حرامکاری ' ناپاکی' شہوت' پرستی بت' پرستی' جادوگری' عداوتیں' جھگڑا' حسد' غصہ' تفرقے' جدائیاں، بدعتیں' بغض' نشہ بازی' ناچ رنگ اور اور اِن کی مانند۔ اِن کی بابت تمہیں پہلے سے کہے دیتا ہوں۔ جیسا کہ پیشتر جتا چکا ہوں کہ ایسے کام کرنے والے خدا کی بادشاہی کے وارث نہ ہوں گے۔ مگر روح کا پھل محبت' خوشی' اطمینان' تحمل' مہربانی' نیکی' ایمانداری' حلم ' پرہیزگاری ہے۔ ایسے کاموں کی کوئی شریعت مخالف نہیں ہے۔ اور جو مسیح یسوع کے ہیں اُنہوں نے جسم کو اُس کی رغبتوں اور خواہشوں سمیت صلیب پر کھینچ دیا ہے۔ اگر ہم روح کے سبب سے زندہ ہیں تو روح کے موافق چلنا بھی چاہئے۔ ہم بے جا فخر کر کے نہ ایک دوسرے کو چڑائیں نہ ایک دوسرے سے جلیں۔ (گلتیوں 5:18-26)

بطور ایماندار ہمیں نئی فطرت دی گئی ہے۔ مقدس پولس رسول ہمیں رومیوں 7 باب میں یاد دلاتے ہیں کہ پرانی فطرت نئی فطرت کے خلاف جنگ کرتی ہے۔ ہمارے دِل میں خداوند کے لیے تڑپ تو ہوتی ہے۔ لیکن ہمارا جسم کمزور ہونے کے سبب اکثر ہمارے لیے ٹھوکر کا باعث ہوتا ہے۔ جسم پر غالب آنے کے لیے پولس رسول نے ایمانداروں کو یہ چیلنج دیا کہ وہ روح کے موافق چلیں۔

مگر میں یہ کہتا ہوں کہ روح کے موافق چلو تو جسم کی خواہش کو ہرگز پورا نہ کرو گے۔ کیوں کہ جسم روح کے خلاف خواہش کرتا ہے اور روح جسم کے خلاف اور یہ ایک دوسرے کے مخالف ہیں۔ (گلتیوں 5:16-17)

اگر ہم فتح مند مسیح زندگی گزارنا چاہتے ہیں تو پھر ہمیں لازماً یہ سیکھنا ہوگا کہ ہم کیسے روح میں چل سکتے ہیں۔ اصطلاح ''روح میں چلنا'' کا مطلب روح کی رہنمائی اور ہدایت کی پیروی کرنا ہے۔ اِس کے لیے ہمیں پرانی فطرت کی

باتوں سے منہ موڑنا ہوگا۔ مقدس پولس رسول مذکورہ حوالہ میں اِس بات کو واضح کرتے ہیں کہ پرانی فطرت کی خواہشیں اور رغبتیں پاک روح اور اِس نئی فطرت سے قطعی مختلف ہیں جو اُس نے ہمارے اندر پیدا کر دی ہے۔ایمانداروں کو روح کی رہنمائی اور پرانی فطرت کی خواہشوں میں امتیاز کرنا سیکھنا ہوگا۔ اپنی پرانی فطرت اور روح کی ہدایت اور رہنمائی میں امتیاز پہلا قدم ہے۔ تاہم' ضرورت اِس بات کی ہے کہ ہم خدا کے روح کی ہدایت و رہنمائی اور تعلیم کی پیروی کو اپنی اولین ترجیح بنالیں۔

وہ لوگ جو روح کی رہنمائی میں چلتے ہیں خدا کے روح اور اُس کی راہوں کے لیے اپنے ذہن اور مرضی کو نظم وضبط اور تربیت میں لا کر خدا کے لیے بہت حساس ہو جاتے ہیں۔ وہ پرانی فطرت کی آواز سننے سے انکار کر دیتے ہیں۔ کیا آپ نے کبھی محسوس کیا ہے کہ بطور ایماندار آپ کے پاس ایک چناؤ ہوتا ہے؟ ہر کام جو ہم کرتے ہیں اُس میں یا تو ہم اپنی پرانی فطرت کی سنتے یا پھر خدا کے روح کی رہنمائی میں چلتے ہیں۔ مقدس پولس رسول گلتیوں 5:19-21 میں ہمارے لیے بیان کرتے ہیں کہ جب ہم اپنی پرانی فطرت کی طرف کان لگاتے ہیں تو پھر کیا ہوتا ہے۔

اَب جسم کے کام تو ظاہر ہیں یعنی حرامکاری' ناپاکی' شہوت پرستی' بت پرستی' جادوگری' عداوتیں' جھگڑا' حسد' غصہ' تفرقے' جدائیاں، بدعتیں بغض' نشہ بازی' ناچ رنگ اور اور اِن کی مانند۔ اِن کی بابت تمہیں پہلے سے کہے دیتا ہوں۔ جیسا کہ پیشتر جتا چکا ہوں کہ ایسے کام کرنے والے خدا کی بادشاہی کے وارث نہ ہوں گے۔

ہمیں گناہ آلودہ فطرت کے پھل کے شواہد کو اپنی زندگی میں دیکھنے کے منتظر نہیں رہنا چاہئے۔ ہمارے ٹی وی پر آنے والے خبرنامے ایسے لوگوں کی خبروں سے بھرے ہوئے ہیں جنہوں نے پرانی فطرت کی طرف کان لگایا۔اور بھی دُکھ اور صدمے کی بات یہ ہے کہ حتیٰ کہ ایمانداروں کی زندگی میں بھی پرانی فطرت کے کاموں کے پھل دیکھنے کو ملتے ہیں۔ حرامکاری' تلخی اور جھگڑے پرانی فطرت کی طرف کان لگانے اور اُس کی رغبتوں اور خواہشوں کے سامنے سرخم کرنے کے نتائج ہیں۔

بطور ایماندار ہمیں نئی فطرت دی گئی ہے۔ لیکن ساتھ ہی ہمیں یہ بھی یاد رکھنا ہے کہ ابھی تک پرانی فطرت پورے طور پر

ہماری زندگی سے ختم نہیں ہوئی۔ حتیٰ کہ ایماندار بھی گناہ آلودہ فطرت کو موقع اور لچک دے سکتے ہیں کہ دستیاب موقع پر اپنا ردِعمل ظاہر کرے۔ جو پروگرام ہم ٹیلی ویژن دیکھتے اور وہ کتابیں جو ہم پڑھتے ہیں اکثر و بیشتر ہماری پرانی انسانیت کی رغبتوں اور خواہشوں کو ہوا دیتے ہیں۔ بطور ایماندار ہمیں اپنے چال چلن اور طرزِ زندگی کا جائزہ لیتے رہنا چاہیے۔ کہیں ہم اپنی گناہ آلودہ فطرت کے لیے سامان مہیا تو نہیں کر رہے؟ ایک بات تو یقینی ہے' پرانی فطرت اِس بات کا تقاضا کرے گی کہ اُسے زندہ رہنے کیلیے مختلف طریقوں سے خوراک ملتی رہے۔ اُسے ایسا ماحول ملے کہ اُسے تقویت ملتی رہے اور اُس کی رغبتوں اور خواہشوں کو تھوڑی ڈھیل دے دیں اور پھر اپنی زندگی میں اُسکے بڑھتے ہوئے اثرات آپ کو دیکھنے کو ملیں گے۔ اگر ہم وہ زندگی گزارنا چاہتے ہیں جس کے لیے خدا نے ہمیں بلایا ہے تو پھر ہمیں پرانی گناہ آلودہ فطرت اور اُس کی رغبتوں اور خواہشوں کی طرف سے مرنا ہوگا۔ گلتیوں 5:24 میں مقدس پولس رسول کی تعلیم بالکل واضح ہے۔

اور جو مسیح یسوع کے ہیں اُنہوں نے جسم کو اُس کی رغبتوں اور خواہشوں سمیت صلیب پر کھینچ دیا ہے۔

ایمانداروں کے لیے پرانی فطرت کی رغبتوں اور خواہشوں پر غالب آنے کے لیے یہی بہتر ہے کہ وہ اپنے آپ کو صلیب پر کھینچ دیں۔ یعنی لازم ہے کہ ہم اِس پرانی فطرت کو مرنے پر مجبور کر دیں۔ مصمم ارادہ سے پرانی فطرت کی نہ سنیں۔ جب یہ بلائے تو اپنے کان بند کر لیں۔ جب یہ زندہ بھی ہو تو پھر بھی گناہ آلودہ فطرت کو مردہ ہی سمجھیں۔ اِس پر دھیان دیئے بغیر زندگی گزاریں۔ اِسے رد کریں' اِس کی طرف کان نہ لگائیں۔ اِسے مرنے پر مجبور کر دیں۔

بطور نئے عہد کے ایماندار ہمیں گناہ آلودہ رغبتوں اور خواہشوں کے سامنے ہتھیار نہیں ڈالنے بلکہ ہمیں خدا کے پاک روح سے رہنمائی لینی چاہیے۔

روح کی راہیں جسم کی راہوں سے قطعی مختلف ہوتی ہیں۔ گلتیوں 5:22-23 میں پولس رسول خدا کے روح کی ہدایت کی پیروی میں چلنے اور اُس کو اپنی زندگی میں کام کرنے کا موقع دینے کے نتائج بیان کرتے ہیں۔

مگر روح کا پھل محبت' خوشی' اطمینان' تحمل' مہربانی' نیکی' ایمانداری' حلم' پرہیز گاری ہے۔ ایسے کاموں کی کوئی شریعت مخالف نہیں ہے۔

روح میں چلنے میں یہ بات بھی شامل ہے کہ ہم مسیح کے اُس پاک روح کی رہنمائی اور ہدایت کے تابع ہو جائیں جو ہم میں بسا ہوا ہے۔ جب ہم خدا کے روح کی رہنمائی اور ہدایت کے سامنے جھک جاتے ہیں تو پھر بہت سی باتیں وقوع پذیر ہوتی ہیں۔

اول۔ وہ ہم میں مسیح کے کردار کو پیدا کرتا ہے۔ جب ہم خدا کے روح کے کام اور اُس کی رہنمائی کی اطاعت قبول کر لیں گے، تو پھر ہم گلتیوں 5:22-23 میں مندرج پھلوں کے بڑھتے ہوئے شواہد کو اپنی زندگی میں دیکھیں گے۔ جو کچھ بھی ہم کریں گے ہم مسیح کی مانند بنتے چلے جائیں گے۔ بشرطیکہ ہم پاک روح کے سامنے جھک جائیں اور اُسے موقع دیں گے کہ وہ ہماری تجدید نو کرے۔ ایسے جیسے اندر سے پانی کے چشمے پھوٹ پڑتے ہیں' وہ ہم میں مسیح کے کردار کو ایک سیلاب کی طرح لے آئے گا۔

دوم۔ پاک روح کا دوسرا کام ہمیں سچائی کی راہ دکھانا ہے۔ یوحنا 13:16 میں خداوند یسوع مسیح نے اس بات کو واضح کیا کہ ایک ایماندار کی زندگی میں پاک روح کی ایک بنیادی خدمت یہی ہوگی۔

لیکن جب وہ یعنی روح حق آئے گا تو تم کو تمام سچائی کی راہ دکھائے گا۔ اس لیے کہ وہ اپنی طرف سے نہ کہے گا بلکہ جو کچھ سنے گا وہی کہے گا اور تمہیں آیندہ کی خبریں دے گا۔

روح میں چلنا ہمارے روز مرہ کے مطالعۂ بائبل مقدس کی ذمہ داری کو ختم نہیں کرتا۔ درحقیقت یہ 2۔پطرس 21:1 سے بالکل واضح ہے کہ خدا کا پاک روح ہی دراصل کلام مقدس کا مصنف ہے۔

لیکن نبوت کی کوئی بات آدمی کی خواہش سے کبھی نہیں ہوئی بلکہ آدمی روح القدس کی تحریک کے سبب سے خدا کی طرف

سے بولتے تھے۔

جب ہم پاک روح کی خدمت کو دِل سے قبول کرتے ہوئے اُس کی اطاعت قبول کر لیتے ہیں تو پھر وہ کلام کے گہرے فہم اور فراست کے لیے ہماری مدد اور رہنمائی کرتا ہے۔ کیوں کہ کلام مقدس ہی سے خدا کے دِل کی باتیں ہم پر ظاہر ہوتی ہیں اور ہم اِس دنیا کے لیے اُس کے مقصد کو سمجھنے کے قابل ہوتے ہیں۔ کیوں کہ بائبل مقدس پاک روح کی تحریک سے لکھی گئی ہے۔ اگر ہمیں روح میں چلنا ہے تو پھر ہمیں بائبل مقدس کے طالب علم بننا ہوگا۔

پاک روح کی تیسری خدمت ہم میں الٰہی چیزوں کی اشتہا اور روحانی بھوک پیاس پیدا کرنا ہے۔ فلپیوں کی کلیسیا کو لکھتے ہوئے مقدس پولس رسول نے کہا۔

پس اَے میرے عزیز بھائیو! جس طرح تم ہمیشہ سے فرمانبرداری کرتے آئے ہو اُسی طرح اب بھی نہ صرف میری حاضری میں بلکہ اِس سے بہت زیادہ میری غیر حاضری میں ڈرتے اور کانپتے ہوئے اپنی نجات کا کام کیے جاؤ۔ کیوں کہ جو تم میں نیت اور عمل دونوں کو اپنے نیک ارادہ کو انجام دینے کے لیے پیدا کرتا ہے وہ خدا ہے۔ (فلپیوں 2:12-13)

غور کریں کہ پولس رسول نے ایمانداروں کو بتایا کہ خدا نے اُن میں اپنی مرضی کو پورا کرنے اور اپنے نیک ارادہ کو انجام دینے کے لیے کام کیا۔ ہم اِس نکتہ کو نظر انداز نہیں کر سکتے۔ پاک روح کے وسیلہ سے خدا اپنے لوگوں کو اپنی مرضی سے معمور کر دیتا ہے تا کہ اُس کے ارادہ کے موافق کام کر سکیں۔ کتنی دفعہ میں نے اپنے آپ کو خدا کی راہوں کی پیروی کرنے کی خواہش سے خالی پایا؟ بعض اوقات پرانی فطرت کا کھچاؤ اور کشش اِس قدر پر زور ہوتی ہے کہ مجھے خدا کی مرضی کو سر انجام دینا مشکل لگتا ہے۔ جب میں خود کو پاک روح کے کام کے تابع کرتے ہوئے اُسے پکارتا ہوں تو پھر وہ نیک کام کو سر انجام دینے کے لیے مجھ میں مرضی اور ارادہ پیدا کرتا ہے۔ وہ اِس دنیا کی چیزوں کی خواہش اور رغبت کے زور کو برباد کر دیتا ہے۔ وہ ہی مجھے عالمِ بالا کی چیزوں کا مشتاق ہونے میں میری مدد اور رہنمائی کرتا ہے۔

چہارم۔ خدا کا پاک روح خدا کے مقصد اور مرضی کی طرف ہماری رہنمائی کرے گا۔ اعمال کی کتاب پر طائرانہ نظر

ڈالنے سے ہی ہمیں پتہ چل جائے گا کہ کیسے خدا کے پاک روح نے کلیسیا کے بزرگوں' ڈیکنز اور رار ہنماؤں کو اپنی مدد اور رہنمائی میں آگے بڑھنے کا فضل دیا۔ اعمال 29:8 میں پاک روح فلپس کو صحرا میں لے گیا تا کہ وہ حبشی خوجہ سے کلام کی بات کر سکے۔ اعمال 2:13 ہمیں بتاتا ہے کہ کس طرح پاک روح نے کلیسیا کی رہنمائی کی کہ وہ پولس اور برنباس کو خدمت کے کام کے لیے مخصوص کر دیں۔ اعمال 22:20 میں پولس رسول پاک روح کی رہنمائی سے یروشلیم گیا۔ پاک روح ہم پر وہ خدمت ظاہر کرے گا جس کے لیے خدا نے ہمیں بلایا ہے۔ خداوند یسوع مسیح نے اپنے شاگردوں کو بتایا کہ وہ اُس کے نام کی منادی کے سبب گرفتار ہونے کی صورت میں اِس بات کے لیے قطعاً فکر مند نہ ہوں کہ وہ کیا کہیں گے۔ کیوں کہ خدا کا روح اُنہیں بولنے کے لیے الفاظ اور ترتیب دے گا۔

لیکن جب وہ تم کو پکڑوائیں تو فکر نہ کرنا کہ ہم کس طرح کہیں یا کیا کہیں۔ کیوں کہ جو کچھ کہنا ہوگا اُسی گھڑی تم کو بتایا جائے گا۔ کیوں کہ بولنے والے تم نہیں بلکہ تمہارے باپ کا روح ہے۔ (متی 10-19:20)

خدا کا روح ہمارا رہنما اور مشیر ہوگا۔ وہی ہم پر باپ کی مرضی کو ظاہر کرے گا اور ہمیں حکمت اور دانائی سے معمور کرے گا تا کہ ہم وہی بولیں جو درست اور واجب ہے۔

اور آخری بات یہ ہے کہ خدا کا روح ہمیں مسیح کے نام سے خدمت کرنے کے لیے قوت بخشے گا تا کہ ہم وہی کریں جو اُس کے دِل کے عین مطابق ہے۔ یہ اعمال 1:8 کی بالکل واضح تعلیم ہے۔

لیکن جب روح القدس تم پر نازل ہوگا تو تم قوت پاؤ گے اور یروشلیم' یہودیہ اور سامریہ میں بلکہ زمین کی انتہا تک میرے گواہ ہوگے۔

ہم دیکھتے ہیں کہ جب اعمال کی کتاب میں ایمانداروں پر خدا کا روح نازل ہوا تو حالات و واقعات اُن کے لیے یکسر تبدیل ہو گئے۔ اُن کی خدمت میں ایک قوت پیدا ہو گئی۔ اُنہوں نے اپنے اندر ایک بڑی جرأت اور دلیری کا تجربہ کیا جو کہ اِس سے پہلے اُن میں نہ تھی۔ خدا کے روح نے زندگیوں کو چھونا شروع کیا اور کلیسیا میں ترقی اور بڑھوتی کا کام

شروع ہوگیا۔ یہ اُن کی زندگی میں پاک روح کے قوت بخش کام کا نتیجہ تھا۔

یہ ہے روح کے نئے طور پر خدمت کرنا۔ اگر ہمیں روح میں چلنا ہے تو پھر لازم ہے کہ ہم اُسکی رہنمائی کو پہچاننا سیکھیں ۔ پاک روح آ کر از خود ہماری ذات اور مرضی پر قابض نہیں ہو جاتا۔ وہ توقع کرتا ہے کہ ہم اُس کے ساتھ تعاون کریں ۔ یہی وجہ ہے کہ کلام پاک میں جسم کے اعتبار سے مرنے اور روح کی رہنمائی میں چلنے کا بہت بڑا چیلنج پایا جاتا ہے۔ ہر ایک ایماندار کو شخصی طور پر اِس بات کے لیے جانفشانی کرنی چاہیئے کہ وہ روح کے تابع زندگی گزارے اور جسم کے اعتبار سے یعنی پرانی انسانیت کے اعتبار سے بالکل مر جائے۔ روح القدس ہمیں نافرمانی کے لیے بھی چناؤ دیتا ہے۔ وہ ہماری آزاد مرضی اور آزادی کو ہم سے نہیں چھینتا۔ یہ سچ ہے کہ وہ رہنمائی کرتا اور ہدایت دیتا ہے۔ لیکن یہ ہمارا فیصلہ اور چناؤ ہے کہ ہم اُس کی مرضی کے سامنے جھک جائیں۔ ہم پاک روح کا مقابلہ کرتے ہوئے اپنی نافرمانی اور اُس کی رہنمائی میں چلنے میں ہٹ دھرمی سے کام لیتے ہوئے اُس کو رنجیدہ بھی کر سکتے ہیں۔ روح میں چلنے کا مطلب ہے اپنے ہوش و حواس میں اُس کی مرضی کو پورا کرنے کے لیے اُس کی رہنمائی اور تربیت لینے کا فیصلہ کرنا۔

باب 15

روح کے تقاضے

تم سن چکے ہو کہ کہا گیا تھا کہ آنکھ کے بدلے آنکھ اور دانت کے بدلے دانت۔ لیکن میں تم سے یہ کہتا ہوں کہ شریر کا مقابلہ نہ کرنا بلکہ جو کوئی تیرے دہنے گال پر طمانچہ مارے دوسرا بھی اُس کی طرف پھیر دے۔ اور اگر کوئی تجھ پر نالش کر کے تیرا کرتا لینا چاہے تو چوغہ بھی اُسے لینے دے۔ اور جو کوئی تجھے ایک کوس بیگار میں لے جائے اُس کے ساتھ دو کوس چلا جا۔ اور جو کوئی تجھ سے مانگے اُسے دے اور جو تجھ سے قرض چاہے اُس سے منہ نہ موڑ۔ تم سن چکے ہو کہ کہا گیا تھا کہ اپنے پڑوسی سے محبت رکھ اور اپنے دشمن سے عداوت۔ لیکن میں تم سے یہ کہتا ہوں کہ اپنے دشمنوں سے محبت رکھو اور اپنے ستانے والوں کے لیے دُعا کرو۔ تا کہ تم اپنے باپ کے جو آسمان پر ہے بیٹے ٹھہرو۔ کیوں کہ وہ اپنے سورج کو نیکوں اور بدوں دونوں پر چمکاتا ہے۔ اور راستبازوں اور ناراستوں دونوں پر مینہ برساتا ہے۔ (متی 5:38-45)

شاید بعض لوگوں کا یہ خیال ہو کہ اَب مسیحی زندگی گزارنا آسان ہونا چاہئے کیوں کہ اب ہم شریعت کے ماتحت نہیں رہے۔ لیکن ایسا قطعاً نہیں ہے۔ اب خدا ہم سے اور بھی زیادہ توقع رکھتا ہے۔ لوقا 12:48 میں بڑی اہم آیت پائی جاتی ہے۔

مگر جس نے نہ جان کر مار کھانے کے کام کیے وہ تھوڑی مار کھائے گا۔ اور جسے بہت دیا گیا اُس سے بہت طلب کیا جائے گا اور جسے بہت سونپا گیا ہے اُس سے زیادہ طلب کریں گے۔"

خداوند یسوع مسیح ہمیں یہاں پر بتا رہے ہیں کہ جن لوگوں کو بہت سونپا گیا ہے اُن سے بہت طلب کیا جائے گا۔ اصل معاملہ یہ ہے کہ ہم نے اپنے گناہوں کی معافی پائی ہے۔ ہمیں ایک نیا دِل دیا گیا ہے۔ اور اب ہماری زندگی پاک روح کا مسکن بن چکی ہے۔ اگر خدا اُن لوگوں سے وفاداری کی توقع کرتا تھا جن کے پاس یہ خوبصورت نعمتیں اور

بخششیں نہیں تھیں تو پھر ہم سے کس قدر زیادہ توقع کرے گا؟ اگر ہم موسیٰ کی شریعت اور پہاڑی وعظ کا موازنہ کریں تو خدا کی توقعات کے اہم نکات نمایاں ہو جائیں گے۔

متی5:21 میں ہم پڑھتے ہیں کہ خدا نے اپنے لوگوں کو حکم دیا کہ وہ قتل نہ کریں۔ یہ قانون ماننے کے لیے اتنا مشکل بھی نہیں تھا۔ ہم میں سے بہت سے لوگوں نے کبھی بھی ایسا بھیانک گناہ نہیں کیا ہوگا۔ عہدِ جدید میں' خداوند یسوع مسیح نے یہ تعلیم دی کہ کسی کے ساتھ اِس قدر ناراض ہو جانا کہ اُسے قتل کرنے کی سوچ بنا لینا اپنے دِل میں کسی کا قتل کرنا ہے۔ ایسی سوچ قتل کرنے کے مترادف ہے اور یہ قتل جیسے گناہ کا مرتکب ہونا ہے۔

متی5:27-28 میں ہم دیکھتے ہیں کہ کیسے پرانے عہدنامہ نے شادی شدہ لوگوں کے درمیان ناجائز جنسی تعلقات کو ممنوع قرار دیا۔ شوہر کا فرض تھا کہ وہ اپنی بیوی کے ساتھ وفادار رہے۔ اور بیوی کو اپنے شوہر کے ساتھ وفادار رہنے کا حکم دیا گیا۔ تاہم یسوع مسیح نے تعلیم دی کہ ایک ایسی زناکاری بھی ہے جو جسمانی تعلق کے بغیر بھی ہو جاتی ہے۔ ایک لحہ کے لیے بھی اپنے دِل میں کسی کی بیوی کی خواہش کر لینا زناکاری ہے۔ ہو سکتا ہے کہ کسی شخص نے کبھی بھی کسی عورت کے ساتھ کوئی ناجائز جنسی تعلق استوار نہ کیا ہو۔ تو بھی وہ زناکاری کا مرتکب ہوا ہو۔ اِس سے مجھ پر یہ ذمہ داری عائد ہوتی ہے کہ میں میری نگاہیں ٹیلی ویژن پر کیا دیکھتی ہیں اور میری سوچوں پر کون سی چیزیں مسلط رہتی ہیں۔ ہمیں اپنی نگاہ اور تخیلات کے تعلق سے بھی محتاط ہونے کی ضرورت ہے تاکہ خداوند کے لیے پاک برتن بن سکیں۔

موسیٰ کی شریعت نے تو طلاق کی اجازت دی۔ جب کسی شخص کو اپنی بیوی کی ناپاکی کا علم ہو جاتا تو وہ اُسے طلاق دے سکتا تھا۔ (استثنا24:1) لیکن یہودی لوگوں کے ذہنوں میں بالکل واضح نہیں تھا کہ کون کون سی چیزیں ناپاکی کے زمرے میں آتی ہیں۔ نتیجہ مرد حضرات معمولی سے اختلاف کی بنا پر بھی اپنی بیوی کو طلاق دے دیتے تھے۔ تاہم خداوند یسوع مسیح نے یہ تعلیم دی کہ ماسوائے زناکاری کی وجہ کے طلاق کی اجازت نہیں ہے۔ (متی5:31-32)

پرانے عہدنامہ نے تعلیم دی کہ جب لوگ قسم کھائیں تو اپنی بات پر قائم رہیں۔ تاہم یسوع مسیح نے یہ تعلیم دی کہ ایماندار کو چاہئے کہ وہ ہر صورت میں اپنی بات پر قائم رہے۔ (متی5:33-37)

موسیٰ کی شریعت نے یہ اصول سکھایا کہ آنکھ کے بدلے آنکھ' جو کچھ لوگ چرائیں وہ واپس کر دیں۔ اگر کوئی شخص مجھے ایسا زخمی کر دے کہ میری آنکھ جاتی رہے تو جو کچھ اُس نے مجھ سے کیا ہے، ادلے کے بدلے کے طور پر اُس کی آنکھ بھی نکال دی جائے۔ جو کچھ کسی مجرم نے مجھ سے کیا ہے ضرور ہے کہ وہی اُس کے ساتھ بھی سزا کے طور پر کیا جائے۔ خداوند یسوع مسیح نے منفرد تعلیم دی۔ اُس نے اپنے شاگردوں کو سکھایا کہ اگر کوئی تیرے ایک گال پر مارے تو دوسرا بھی اُس کی طرف پھیر دے۔ ایمانداروں کا یہ شیوا نہیں کہ وہ بدلہ لیں۔ بلکہ یہ کہا کہ اپنی املاک کا نقصان قبول کر لو۔ (متی 5:38-42)

پرانے عہد نامہ کے تحت ایمانداروں پر فرض تھا کہ وہ اپنے ہمسایوں سے محبت رکھیں۔ خداوند یسوع مسیح کی تعلیم کے مطابق بس اتنا ہی کافی نہیں ہے۔ بلکہ اَب ایمانداروں کی ذمہ داری ہے کہ وہ اپنے دشمنوں سے بھی پیار کریں۔ (متی 5:43-44)

اگر پرانے عہد نامہ کے ایماندار موسیٰ کی شریعت پر عمل پیرا نہ ہو سکے' تو پھر کیسے خدا ہم سے اِس نئے اور اعلیٰ معیار پر پورا اترنے کی توقع کر سکتا ہے؟ یہاں بہت سے ایسے اصول ہیں جن کو سمجھنا بہت ضروری ہے۔

اول۔ چونکہ وہ معیار جو خدا نے ہمارے لیے مقرر کیا ہے وہ پرانے عہد نامہ کے معیار سے کہیں بلند ہے، تو بھی خدا نے اپنے حضور مقبولیت کی بنیاد اِس معیار پر نہیں رکھی کہ ہم کتنے اچھے طریقے سے تمام تقاضے پورے کرتے ہیں۔ بالالفاظ دیگر ہم اِس معیار پر پورے اتریں یا نہ اتریں ہم خدا کے حضور قبول کیے جاتے ہیں۔ ہماری نجات کا انحصار اس بات پر نہیں کہ ہمارے اعمال کتنے اچھے ہیں۔ ہماری نجات کا معاملہ خداوند یسوع مسیح نے ایک ہی دفعہ قربانی دے کر حل کر دیا ہے۔ اگر ہم اِس معیار پر پورا نہ بھی اتریں تو بھی خدا ہم سے کسی طور پر بھی کم محبت نہیں رکھے گا۔ اور اگر ہم اِس معیار پر پورا اتر بھی جائیں تو وہ ہم سے زیادہ محبت نہیں رکھے گا۔ ہمارے لیے اُس کی محبت غیر مشروط ہے۔

دوم۔ اگر چہ ہماری نجات اور قبولیت کا انحصار اِس بات پر نہیں ہے کہ ہم خدا کے قائم کردہ معیار پر کس قدر زیادہ پورا اُترتے ہیں تو بھی خدا کے ساتھ ہماری رفاقت اور اِس دنیا کے لیے مؤثر خدمت کا انحصار اِسی بات پر ہے۔ مثال

کے طور پر خدا کے ساتھ ہماری رفاقت میں ناپاک خیالات اور بُری خواہشات رکاوٹ کا باعث بن سکتی ہیں۔ہم اپنے بھائیوں اور بہنوں کے خلاف غصہ اور تلخی سے پاک روح کو رنجیدہ کر سکتے ہیں۔اگر ہم اپنی بات پر قائم نہیں رہتے تو ہماری خدمت بُری طرح متاثر ہوگی۔کیوں کہ لوگ ہم پر بھروسہ نہیں کر سکیں گے۔اگر ہم خدا کے ساتھ اپنی گہری رفاقت کے خواہاں ہیں اور اُس کے لیے مؤثر خدمت کرنا چاہتے ہیں تو پھر ہمیں کلام میں بیان کیے گئے معیار کے مطابق چلنا ہوگا۔

سوم۔مقدس پولس رسول 2 کرنتھیوں 10:5 میں بتاتے ہیں کہ ہم سب اپنے کاموں کے لیے خدا کے حضور جوابدہ ہوں گے۔

کیوں کہ ضرور ہے کہ مسیح کے تختِ عدالت کے سامنے جا کر ہم سب کا حال ظاہر کیا جائے تاکہ ہر شخص اپنے اُن کاموں کا بدلہ پائے جو اُس نے بدن کے وسیلہ سے کیے ہوں۔خواہ بھلے ہوں خواہ برے۔

یہ بات سچ ہے کہ ہم میں سے ایک شخص بھی ایسا نہیں ہے جو کامل طور سے خدا کے قائم کردہ معیار پر پورا اتر سکے۔لیکن خدا ہمیں بلاتا ہے کہ ہم اُس معیار پر پورا اترنے کے لیے جانفشانی سے کام لیں۔ہمارے کاموں کے مطابق ہماری عدالت ہوگی اور ہم اپنی وفاداری کا بدلہ پائیں گے کہ ہم اِن معاملات میں کس قدر اُس کی رہنمائی میں چلتے رہے۔
آخری بات۔یاد رکھیں کہ ایک ایماندار کا دِل خدا اور اُس کی راہوں کا طالب رہتا ہے۔خدا کا روح ہمیں خدا کی مرضی کے مطابق عمل کرنے کی توفیق دیتا ہے۔جب ہم اپنی گناہ آلودہ فطرت کے اعتبار سے مر کر خود کو پاک روح کی خدمت کے تابع کر دیں گے تو پھر ہم زیادہ سے زیادہ خدا کے تقاضوں کے مطابق زندگی بسر کرنے کے قابل ہو جائیں گے۔پاک روح کے تقاضے پرانے عہد نامہ کے تقاضوں سے کہیں بڑھ کر ہیں۔لیکن خدا نے اپنے معیار کے مطابق زندگی بسر کرنے کیلیے ہمیں ضروری ہتھیار بھی دیئے ہیں۔جیسے جیسے ہم پاک روح کے ساتھ شراکت کرتے ہیں ہم ایمان اور روحانی بلوغت میں ترقی کرتے چلے جاتے ہیں۔اِس دنیا پر ہمارا تاثر بڑھتا چلا جاتا ہے۔اور جب ہم تابعداری میں بلند معیار کو چھونے لگتے ہیں تو پھر خدا کے ساتھ ہماری رفاقت گہری قربت میں تبدیل ہو جاتی ہے۔

باب 16

اختلافات ختم کریں

کمزور ایمان والے کو اپنے میں شامل تو کر لو مگر شک وشبہ کی تکراروں کے لیے نہیں۔ ایک کو اعتقاد ہے کہ ہر چیز کا کھانا روا ہے۔ اور کمزور ایمان والا ساگ پات ہی کھاتا ہے۔ کھانے والا اُس کو جو نہیں کھاتا حقیر نہ جانے اور جو نہیں کھاتا وہ کھانے والے پر الزام نہ لگائے۔ کیوں کہ خدا نے اُس کو قبول کر لیا ہے۔ (رومیوں 14:1-3)

موسیٰ کی شریعت نے لوگوں کو بتایا کہ کب اور کیسے اُنہوں نے خدا کی عبادت کرنی ہے۔ وہ کہاں رہ سکتے ہیں' کب کام کر سکتے ہیں' وہ کن لوگوں سے رشتے ناطے قائم کر سکتے ہیں' وہ کیا کھا سکتے ہیں اور اپنے لباس کے لیے کون سی چیزوں کو استعمال میں لا سکتے ہیں۔ مسیح کی آمد سے اِن سب باتوں میں کافی حد تک تبدیلی آ گئی۔ ابتدائی کلیسیا کے ایماندار کے اعمال قطعی مختلف تھے۔ بعضوں نے کچھ چیزوں کا کھانا جاری رکھا جبکہ بعض ایمانداروں نے وہی کچھ کھایا جو اُن کا دِل چاہتا تھا۔ (رومیوں 14:2) بعضوں نے کچھ دنوں کو دوسرے دنوں سے زیادہ مقدس سمجھا جبکہ بعض کا خیال تھا کہ سبھی دن ایک جیسے ہیں۔ (رومیوں 14:5) مقدس پولس رسول کے مطابق' اگرچہ اُن ایمانداروں میں اختلاف تھا تو بھی وہ سب کے سب جو کچھ کر رہے تھے خداوند کے لیے کر رہے تھے اور ایسا کرنے سے وہ اپنے اپنے انداز سے خدا کی تعظیم کر رہے تھے۔

جو کسی دن کو مانتا ہے وہ خداوند کے لیے مانتا ہے اور جو کھاتا ہے وہ خداوند کے واسطے کھاتا ہے۔ کیوں کہ وہ خدا کا شکر کرتا ہے اور جو نہیں کھاتا وہ بھی خداوند کے واسطے نہیں کھاتا اور خدا کا شکر کرتا ہے۔ (رومیوں 14:6)

مقدس پولس رسول ہمیں رومیوں 14 میں سے ایک مثال دیتے ہیں۔ پولس رسول کے دور میں بعض ایماندار محسوس کرتے تھے کہ اُنہیں بتوں کے لیے کی گئی قربانی کا گوشت نہیں کھانا چاہئے۔ مقدس پولس رسول نے روم کے

ایمانداروں کو بتایا کہ وہ نئے عہد کے تحت جو چاہیں کھا سکتے ہیں بشرطیکہ اُن کا ضمیر اِس سلسلہ میں ملامت نہ کر رہا ہو۔

مجھے معلوم ہے بلکہ خداوند یسوع مسیح میں مجھے یقین ہے کہ کوئی چیز بذاتِ حرام نہیں لیکن جو اُس کو حرام سمجھتا ہے اُس کے لیے حرام ہے۔ (رومیوں 14:14)

جو کچھ ایک ایماندار کے لیے قابل قبول ہے، ہوسکتا ہے دوسرے کے لیے وہ قابل قبول نہ ہو۔ یہ ہمارے دور کے فسلفہ کی مانند دکھائی دیتا ہے۔ جو یہ کہتا ہے کہ کوئی بھی قطعی سچائی نہیں ہے اور یہ کہ ہم کسی کو دُکھ دیئے بغیر جو چاہیں کر سکتے ہیں۔ لیکن یہ درست نہیں ہے۔ خدا کا کلام جو پاک روح کی تحریک سے ہم تک پہنچا ہے۔ وہ ہمیں واضح طور پر بتاتا ہے کہ کون سی چیزیں قابل قبول ہیں اور کون سی چیزیں خدا سے علاقہ نہیں رکھتیں۔ تمام ایمانداروں کو اُس معیار کے مطابق زندگی گزارنے کے لیے بلایا گیا ہے۔ یہ کہنے کے بعد ہمارے لیے دو اہم صداقتوں کو سمجھنا بہت ضروری ہے۔ اول۔ خدا کا پاک روح ہمیشہ ہماری ایک ہی ڈگر پر رہنمائی نہیں کرتا۔ یہ ممکن ہے کہ ایک ایماندار کسی نہ کسی سبب سے اپنے لیے بعض چیزوں کو نہ کھانے اور بعض کاموں سے اجتناب کرنے کیلیے پاک روح کی رہنمائی محسوس کرے تاکہ وہ اپنی زندگی میں خدا کی مخصوص بلاہٹ کو بہتر طور پر انجام دے سکے۔ ہوسکتا ہے کہ پاک روح کسی شخص کو غربت میں زندگی بسر کرنے کے لیے بلائے جبکہ کسی دوسرے کو بلند معیارِ زندگی گزانے کے لیے۔ ممکن ہے کہ کسی کی بلاہٹ اپنا وطن چھوڑ کر کسی غیر ملک میں خدمت کرنا ہو۔ جبکہ کسی کی بلاہٹ اپنے ملک میں رہتے ہوئے اپنے بھائیوں اور بہنوں کے درمیان خدمت کرنا ہو۔ خدا کا پاک روح خدا کے جلال کے لیے مختلف سمتوں میں ہماری رہنمائی کر سکتا ہے۔

مجھے یاد ہے کچھ برس پہلے جب میں ایک کلیسیا میں تھا تو وہاں کے پاسبانوں کی بلاہٹ شخصی بشارت کی خدمت تھی۔ ہر ایک پیغام جو ہم نے سنا، وہ نجات پانے اور کھوئے ہوؤں تک پہنچنے کے تعلق سے تھا۔ کیوں کہ یہ وہ بوجھ تھا جو خدا نے اُن خادموں کے دِلوں اور زندگیوں پر رکھا تھا۔ وہ لوگوں کو اُبھارتے تھے کہ اپنے آس پڑوس میں جاؤ اور لوگوں کے دروازوں پر دستک دو اور اُنہیں انجیل سناؤ۔ لوگ ایسا نہ کرنے کی صورت میں خود کو احساس جرم میں دبا ہوا دیکھتے تھے۔ یہ خاص بلاہٹ خدا نے مجھے نہیں دی تھی۔ میرا بوجھ یہ تھا کہ ایماندار روحانی نشو ونما پائیں۔ جس طور سے خدا کا پاک روح میری رہنمائی کر رہا تھا وہ اُس رہنمائی سے قطعی مختلف تھی جس میں کلیسیا کے پاسبان چل رہے تھے۔

ہم اپنی روحانی نعمت اور بلاہٹ کو مدِ نظر رکھتے ہوئے خدا کے کلام کو دیکھتے ہیں۔ بالفاظ دیگر اگر خدا نے آپ کو مبشر ہونے کے لیے بلایا ہے تو یہ دیکھنا قدرے مشکل ہے کہ ہمارے بھائی بھی ہماری طرح دوسروں کے لیے درد محسوس کیوں نہیں کرتے۔ خدا کا پاک روح ہم میں سے ہر ایک کے لیے ایک مخصوص مقصد رکھتا ہے اور ہم میں سے ہر ایک کی مختلف سمتوں میں رہنمائی کرے گا۔

اپنے بہن بھائیوں کی بہ نسبت نہ صرف پاک روح کی رہنمائی ہماری زندگی میں مختلف ہوگی، بلکہ خدا کے لیے ہمارا ردِ عمل بھی دوسرے ایمانداروں سے قطعی مختلف ہوگا۔ پولس کے دور میں ایمانداروں میں اِس بات پر اختلافِ رائے تھا کہ وہ اپنے ایمان کا اظہار کیسے کرتے ہیں۔ ہم نے یہ بھی دیکھا ہے کہ کیسے ابتدائی ایماندار بعض چیزوں کو کھاتے تھے۔ یہ پاک روح کی رہنمائی کا نتیجہ بھی ہوسکتا ہے اور نہیں بھی۔ ممکن ہے کہ اُن ایمانداروں کے دِل سے خدا کے لیے یہ محبت بھرا اور مخلصانہ ردِ عمل ہو۔ ممکن ہے کہ اُنہوں نے بعض چیزوں کو نہ کھانے کا چناؤ خدا سے محبت اور عقیدت کی بنا پر کیا ہو۔ دیگر ایمانداروں نے خدا سے محبت کی بنا پر بعض دنوں کو دوسرے دنوں سے زیادہ مقدس جاننے کا فیصلہ کیا ہو۔ کیوں کہ اُن ہی کے بھائی بہن جو اِن کھانوں سے پرہیز کرتے ہوں اور بعض دنوں کو مقدس بھی نہ جانتے ہوں ممکن ہے کہ اُن کے نزدیک یہ سب بے معنی ہو۔ ہم سب کی مختلف شخصیات اور ترجیحات ہوتی ہیں۔ ہوسکتا ہے کہ وہ طریقہ عبادت جو کسی ایک کو اچھا لگتا ہے کسی دوسرے کے لیے وہ خوشگوار نہ ہو۔
درحقیقت وہ یہ چاہتا ہے کہ جو شخصیت خدا نے ہمیں دی ہے ہم عبادت اور خدمت میں اُسکی تعلیم و تربیت کرتے ہوئے اُسکو آگے بڑھائیں۔ اِسکا مطلب ہے کہ خدا کے لیے ہماری عبادت اور پرستش کا انداز ایک دوسرے سے قطعی مختلف ہوگا۔

کئی سالوں سے ہم ایمان مسیحیوں کے درمیان یہ اختلافات تفرقات' فرقہ بندیوں اور ذہنی الجھاؤ کا باعث بنے ہوئے ہیں۔ جب خدا مختلف سمتوں میں اپنے بچوں کی رہنمائی کرتا ہے تو ہم اِن اختلافات سے کیسے نپٹتے ہیں؟ ان اختلافات کے پیش نظر ہمارا ردِ عمل کیسا ہوتا ہے۔ جب ہم اپنے اردگرد مختلف انداز کے حقیقی اظہارِ ایمان کو دیکھتے ہیں تو ہمارا ردِ عمل کیسا ہونا چاہئے؟ مقدس پولس رسول رومیوں 14 باب میں چند اہم اصول ہمارے سامنے رکھتے ہیں۔

سب سے پہلے اِس بات کو پہچاننے کی ضرورت ہے کہ یہ اختلافات ہماری روزمرہ معاشرتی زندگی کا معمول ہیں۔ ہمیں اختلاف رائے کی توقع کرنی چاہیئے۔ یہ ہمارے لیے کوئی ناگہاں ذہنی اُلجھن کا باعث نہ ہوں۔

ایک کو اعتقاد ہے کہ ہر چیز کا کھانا رواں ہے اور کمزور ایمان والا ساگ پات ہی کھاتا ہے۔ (رومیوں 2:14)

کوئی تو ایک دن کو دوسرے سے افضل جانتا ہے اور کوئی سب دنوں کو برابر جانتا ہے۔ ہر ایک اپنے دِل میں پورا اعتقاد رکھے۔" (رومیوں 5:14)

ہمیں اس بات کی توقع کرنی چاہیئے کہ ایمانداروں میں بھی اختلافِ رائے ہوسکتا ہے۔ اور یہ اختلاف رائے ترقی کا باعث ہوتا ہے۔ خدا خدمت کے مختلف علاقوں میں ہماری رہنمائی کر رہا ہے۔ ہم مختلف شخصیات کے وسیلہ سے اپنے ایمان کا اظہار کر رہے ہیں۔

دوم۔ ہمیں یہ حکم دیا گیا ہے کہ وہ لوگ جو ہم سے مختلف ہیں ہم اُنہیں حقارت کی نگاہ سے نہ دیکھیں۔

کھانے والا اُس کو جو نہیں کھاتا حقیر نہ جانے اور جو نہیں کھاتا وہ کھانے والے پر الزام نہ لگائے۔ کیوں کہ خدا نے اُس کو قبول کرلیا ہے۔" (رومیوں 3:14)

ہمیں کسی شخص کو محض اِس لیے رد نہیں کرنا کیوں کہ وہ ہماری طرح پاک روح کی رہنمائی کو محسوس نہیں کرتا اور یہ کہ وہ اپنے ایمان کے اظہار کے طریقہ کار کے لیے کوئی خاص بوجھ اور دباؤ محسوس نہیں کرتا۔ عاجزی اور انکساری سے ہمیں اپنے اُن بہن بھائیوں کو قبول کرلینا چاہیئے۔ جن کے اعمال اور اظہارِ ایمان ہم سے قطعی مختلف ہو۔ (رومیوں 3:14) ہمیں ایسے لوگوں کو حقیر نہیں جاننا چاہیئے کیوں خدا ہے جو اُنہیں قبول کر چکا ہے۔ خدا صرف یہ دیکھتا ہے کہ اُن کے اعمال کیسے دِل اور کس نیت سے ہیں۔ اپنے بہن بھائیوں کو رد کرنے سے ہم اُس کو رد کر رہے ہیں جن کی عبادت اور خدمت کو خدا نے قبول کرلیا ہے۔

ہمارے دوَر کی کلیسیا ہمیشہ ہی سے اختلافات کو قبول کرنے میں اچھی نہیں رہی ہے۔ معمولی سے تعلیمی اختلاف نے کلیساؤں میں تفرقے اور جدائیاں پیدا کر دی ہیں۔ ایماندار ایک دوسرے سے محض اس لیے رفاقت نہیں رکھنا چاہتے کیوں کہ وہ بعض نکات اور طرزِ زندگی پر متفق نہیں ہیں۔ بطور مسیحی ہمیں اِن اختلافات کو قبول کر لینا چاہئے جو حقیقی ایمانداروں میں موجود ہیں۔ اور ہمیں اِن اختلافات کو عزت کی نگاہ سے دیکھنا چاہئے۔

اگر ہم اپنے بھائیوں اور بہنوں کے اِس اظہار ایمان کے طریقہ کار کے حق کی قدر کریں جو ہم سے قطعی مختلف ہے تو پھر یہ ہمارے اعمال و افعال سے عیاں ہوگا۔ غور سے سنیں کہ مقدس پولس رسول روم کے ایمانداروں سے کیا کہتے ہیں۔ (رومیوں 13:14)

پس آیندہ کو ہم ایک دوسرے پر الزام نہ لگائیں بلکہ تم یہی ٹھان لو کہ کوئی اپنے بھائی کے سامنے وہ چیز نہ رکھے جو اُس کے ٹھوکر کھانے یا گرنے کا باعث ہو۔

پولس رسول نے روم کے ایمانداروں کو بتایا کہ اگر وہ واقعی اپنے بھائیوں اور بہنوں کے مختلف ہونے کے حقوق کی قدر کریں۔ تو دو طریقوں سے اِس کا اظہار ہوگا۔ اول۔ وہ اُن پر الزام لگانا چھوڑ دیں گے۔ دوم۔ وہ اُن کے لیے باعثِ ٹھوکر نہیں ہونگے۔

اگر میں اپنے ہم ایمان شخص کے مجھ سے مختلف ہونے کے حق کو عزت کی نگاہ سے دیکھتا ہوں تو پھر میں ہمیشہ اُس کے اعمال افعال کے لیے اُس پر الزام تراشی نہیں کرتا رہوں گا۔ جب آپ خود کو ہر دفعہ ایک مخصوص صورتحال میں دیکھیں کہ آپ کے بھائی اور بہنیں آپ سے قطعی مختلف طریقہ سے اپنے ایمان کا اظہار کر رہے ہیں۔ تو پھر آپ کو معلوم ہونا چاہئے کہ آپ اُن کی عدالت کر رہے ہیں۔ اِس مقام پر آپ کو خدا سے معافی مانگنی چاہئے۔ اور اپنے بھائیوں اور بہنوں کو قبول کرنے کے لیے خدا سے فضل مانگیں۔

نہ صرف ہمیں اپنی عدالت کرنے والی روح اور روّیہ کو تبدیل کرنا ہوگا بلکہ ہمیں اپنے اعمال و افعال میں تبدیلی پیدا

کرنے کے لیے تیار ہونا ہوگا۔ چونکہ ہم ایسے لوگوں کے درمیان رہتے ہیں جن کے اعمال وافعال ہم سے قطعی مختلف ہیں۔ جب مجھے معلوم ہے کہ میرا بھائی گوشت یا کوئی اور مخصوص چیز نہیں کھاتا تو پھر اُسے کھانے میں وہی چیز پیش کرنا یا اُسکے سامنے وہی چیز کھانا واجب نہیں ہوگا۔ ایسا کرنا اُس کے لیے باعثِ ٹھوکر ہوگا۔ اگر میں واقعی اپنے بھائی کے مقام کی عزت کرتا ہوں۔ تو پھر میں اپنے اعمال اور افعال اور باتوں سے اُسے مجبور کیے بغیر کہ وہ خود کو یا اپنے طرز زندگی کو تبدیل کرے۔ اُسے قبول کرنے کے لیے ہر ممکن کوشش کروں گا۔

صرف اختلاف رائے کو قبول کر لینا ہی کافی نہیں ہے۔ بعض اوقات ایمانداروں کو اپنے بھائیوں اور بہنوں کی خاطر اپنی آزادی کو قربان کرنے کیلیے بھی کہا جائے گا۔ پولس رسول نے تمیتھیس کو اِس بات کے لیے آمادہ کیا کہ وہ یہودیوں کی خاطر ختنہ کروالے۔ (اعمال16:1-3)

چونکہ تمیتھیس کا ختنہ نہیں ہوا تھا، اُس نے محسوس کیا کہ یہ صورتحال یہودیوں کو کلام سنانے میں رکاوٹ کا باعث ہوسکتی ہے۔ پولس رسول جانتے تھے کہ تمیتھیس کو خدا کے حضور راستباز ٹھہرنے کے لیے ختنہ کروانے کی کوئی ضرورت نہیں ہے۔ ہوسکتا ہے کہ تمیتھیس نے ختنہ کروانے کے لیے خدا کی طرف سے کوئی مخصوص رہنمائی بھی محسوس نہ کی ہو۔ تمیتھیس کے ختنہ کروانے کے فیصلہ کا تعلق یہودیوں کے درمیان خدمت میں حائل رکاوٹ دور کرنا تھا، جو خداوند تک رسائی کی کوشش میں لگے ہوئے تھے۔ تمتھیس نے یہودیوں تک رسائی کے لیے اپنے حق کو قربان کردیا۔

اپنی خدمت کے شروع سے آخر تک پولس رسول نے اپنے حقوق اور آزادیوں کو قربان کردیا تاکہ بہتر طریقے سے اُن لوگوں تک رسائی حاصل کرسکے جو گناہ میں کھوئے ہوئے تھے۔ اُس نے کرنتھس کے باشندوں کو بتایا۔

اگرچہ میں سب لوگوں سے آزاد ہوں' پھر بھی میں نے اپنے آپ کو سب کا غلام بنادیا ہے تاکہ اور بھی زیادہ لوگوں کو کھینچ لاؤں۔ میں یہودیوں کے لیے یہودی بنا تاکہ یہودیوں کو کھینچ لاؤں۔ جو لوگ شریعت کے ماتحت ہیں میں اُن کے لیے شریعت کے ماتحت ہوا تاکہ شریعت کے ماتحتوں کو کھینچ لاؤں۔ اگرچہ خود شریعت کے ماتحت نہ تھا۔ بے شرع لوگوں کے لیے بے شرع بنا تاکہ بے شرع لوگوں کو کھینچ لاؤں۔ اگرچہ خدا کے نزدیک بے شرع نہ تھا۔ بلکہ مسیح کی شریعت کے تابع تھا۔ کمزوروں کے لیے کمزور بنا تاکہ کمزوروں کو کھینچ لاؤں۔ میں سب آدمیوں کیلیے سب کچھ بنا ہوا

ہوں۔تا کہ کسی طرح سے بعض کو بچاؤں اور میں سب کچھ انجیل کی خاطر کرتا ہوں۔تا کہ اَوروں کے ساتھ اُس میں شریک ہوؤں۔(1۔کرنتھیوں9:19-23)

خدا کا روح مختلف طریقوں سے ہماری رہنمائی کرتا ہے۔بطور ایماندار ہمارے نکتہ نظر اور شخصیات ایک دوسرے سے قطعی مختلف ہوتے ہیں۔کلام پاک ہمیں اِس بات کے لیے آمادہ کرتا ہے کہ ہم اِن اختلافات کو قبول کرلیں اور اپنے بھائیوں اور بہنوں کے ساتھ صلح اور سلامتی کے ساتھ زندگی بسر کرنے کی ہر ممکن کوشش کریں۔

روح کے تقاضے

ہم اپنی زندگی میں روح کے تقاضوں کو مختصر طور پر کیسے بیان کر سکتے ہیں؟ آج کے دوَر میں ہماری زندگی کے لیے پاک روح کے کون سے رہنما اصول موجود ہیں؟

باب 17

دوسروں سے کریں

پس جو کچھ تم چاہتے ہو کہ لوگ تمہارے ساتھ کریں وہی تم بھی اُن کے ساتھ کرو کیوں کہ توریت اور نبیوں کی تعلیم یہی ہے۔(متی 12:7)

اور اُن میں سے ایک عالم شرع نے آزمانے کے لیے اُس سے پوچھا' اَے اُستاد توریت میں کونسا حکم بڑا ہے؟ اُس نے اُس سے کہا کہ خداوند اپنے خدا سے اپنے سارے دِل، اپنی ساری جان اور اپنی ساری عقل سے محبت رکھ۔ بڑا اور پہلا حکم یہی ہے۔ اور دوسرا اِس کی مانند یہ ہے کہ اپنے پڑوسی سے اپنے برابر محبت رکھ۔ اِن ہی دو حکموں پر تمام توریت اور انبیاہ کے صحیفوں کا مدار ہے۔(متی 22:35-40)

آپ کیسے "روح میں چلنا" کو مختصر بیان کریں گے؟ ایک موقع پر ایک ایسے ہی ملتے جلتے سوال کے ساتھ فریسی یسوع مسیح کو آزمانے کے لیے آئے۔ اَے اُستاد توریت میں کونسا حکم بڑا ہے؟ (متی 22:36) خداوند یسوع مسیح نے اُنہیں بتایا کہ وہ خداوند اپنے خدا سے اپنے سارے دِل' اپنی ساری جان اور اپنی ساری طاقت اور اپنی ساری عقل سے محبت کریں اور اپنے ہمسایہ سے بھی اپنی مانند محبت رکھیں۔

ایک ایسے ہی موقع پر خداوند یسوع مسیح نے متی 12:7 میں ایک ایسی ہی بات کہی۔ "پس جو کچھ تم چاہتے ہو کہ لوگ تمہارے ساتھ کریں، وہی تم بھی اُن کے ساتھ کرو۔ کیوں کہ توریت اور نبیوں کی تعلیم یہی ہے۔

ہم نے پچھلے باب میں دیکھا کہ پولس رسول نے ایمانداروں کو چیلنج دیا کہ اُن کے درمیان جو اختلاف ہیں وہ اُن کو قدر کی نگاہ سے دیکھیں۔

اُس نے انہیں چیلنج دیا کہ وہ دوسروں کے لیے اپنی شخصی آزادی کو قربان کر دیں۔ خداوند یسوع مسیح نے یہاں پر یہ تعلیم دی ہے کہ روح میں چلنے کی خوبی یوں بیان کی جاسکتی ہے۔ دوسروں کو اول درجہ دیں اور اُن سے ایسا سلوک کریں جیسا کہ ہم چاہتے ہیں کہ دوسرے ہم سے کریں۔

ایک لمحہ کے لیے اِس پر غور کریں۔ خداوند یسوع مسیح نے جو تعلیم یہاں پر دی ہے، اگر ہم اِس پر عمل کریں تو کتنی زیادہ مشکلات اور مسائل سے بچ سکتے ہیں؟ آج کے دَور میں تعلقات میں اِس قدر کھچاؤ کیوں ہے؟ اس لیے کہ ہم اپنے تعلق سے بہت خودغرض بن چکے ہیں اور دوسروں کی ہمیں مطلق فکر نہیں ہوتی۔ کسی نے کسی موقع پر کہا تھا کہ لفظ گناہ یعنی Sin کے درمیان I (خودی، میں) ہے۔ گناہ کا سب سے بڑا مسئلہ یہی ہے کہ یہ ہمیں دوسروں کی بجائے اپنی ذات پر ہی توجہ مرکوز کرنے کے لیے قائل کرتا ہے۔

گناہ پُرکشش کیوں لگتا ہے؟ کیا اِس لیے نہیں کہ یہ ہماری اپنی خواہشوں اور رغبتوں کو تسکین بخشتا ہے؟ گناہ دوسروں کی پرواہ کئے بغیر کہ اِس سے دوسروں کی زندگی پر کیا اثرات مرتب ہونگے، ہمیں سب کچھ ہمارے دِل کے موافق مہیا کرتا ہے۔ گناہ ہم سے کہتا ہے کہ ''کیا آپ اپنے ہمسائے کا کاروبار لینا چاہتے ہیں؟ اُسے اِس سے کتنی ہی تکلیف کیوں نہ ہو، اِس کی فکر کیے بغیر اُسکا کاروبار ہتھیا لو۔ کیا تمہارے دِل میں اپنے ہمسایہ کی بیوی کو لینے کی حسرت ہے؟ اُسکے شوہر کی فکر نہ کرو۔ کیا تم دوسرے کے سامنے اچھا بننا چاہتے ہو؟ جو کچھ تم ہو اُس سے کہیں زیادہ تم لوگوں کو اپنے بارے میں بتاؤ۔ کیا آپ کے ہمسایہ نے آپ کی زندگی اجیرن کردی ہے؟ تم اُس کے لیے وبال جان بن جاؤ۔'' گناہ دوسروں کے بارے میں نہیں بلکہ اپنے بارے ہی سوچتا ہے۔

روح میں نئے طور پر چلنا قطعی مختلف ہوتا ہے۔ مسیح کے روح اور ملنے والے نئے دِل سے ہم میں دوسروں کے بارے میں سوچنے اور دوسروں کی ضروریات کا خیال رکھنے کی صلاحیت پیدا ہوگئی ہے۔ وہ جو روح کے نئے طریقہ کار کے مطابق چلتے ہیں، وہ اپنے بھائیوں اور بہنوں کے لیے اپنی آزادی اور آرام قربان کرنے کے لیے تیار ہوتے ہیں۔ روح کا نیا طریقہ کار دوسروں کے لیے محبت، عزت اور احترام اور ہمدردی کا طریقہ کار ہوتا ہے۔ خدا کا روح صرف اپنے آپ کے بارے میں سوچنے کے رجحان کو ختم کر دیتا ہے۔

روح کا نیا طور طریقہ کار خود غرضی سے پاک ہوتا ہے۔ نیا دِل جو خدا نے اپنے لوگوں کو دیا ہے وہ دوسروں کی ضرورت کے لیے حساس ہوتا ہے۔ یہ وہ دِل ہے جو دوسروں کے لیے محبت کی قربانی میں اپنے آپ کو قربان کرنے کے لیے تیار ہوتا ہے۔ اِس بات کا اظہار خداوند یسوع مسیح کی زندگی میں بڑے بہترین انداز میں دیکھنے کو ملتا ہے۔ جس نے اُس وقت ہمارے لیے اپنی جان قربان کی جب ہم ابھی اُس کے دشمن ہی تھے۔ وہ لوگ جو روح کے نئے طریقۂ کار کی پیروی کرتے ہیں اپنے دشمنوں اور اپنے ہمسایوں کے لیے محبت بھری قربانی میں اپنے خداوند یسوع مسیح کے نمونہ پر چلتے ہیں۔

باب 18

رحم

اُس نے اُن سے کہا کہ کیا تم نے یہ نہیں پڑھا کہ جب داؤد اور اُسکے ساتھی بھوکے تھے تو اُس نے کیا کیا، وہ کیوں کر خدا کے گھر میں گیا اور نذر کی روٹیاں کھائیں جن کو کھانا نہ اُس کو روا تھا نہ اُس کے ساتھیوں کو مگر صرف کاہنوں کو؟ یا تم نے توریت میں نہیں پڑھا کہ کاہن سبت کے دن ہیکل میں سبت کی بے حرمتی کرتے ہیں اور بے قصور رہتے ہیں؟ میں تم سے کہتا ہوں کہ یہاں وہ ہے جو ہیکل سے بھی بڑا ہے۔ لیکن اگر تم اِس کے معنی جانتے کہ میں قربانی نہیں بلکہ رحم پسند کرتا ہوں، تو بے قصوروں کو قصوروار نہ ٹھہراتے۔ (متی 12:3-7)

ایک دن خداوند یسوع مسیح کے شاگرد سبت کے روز گندم کے کھیتوں میں سے ہو کر جا رہے تھے۔ بھوک محسوس ہونے پر شاگرد بالیاں توڑ کر کھانے لگے۔ یہ صورتِ حال بھی پرانے عہد نامہ کی شریعت کے ضابطوں اور اصولوں کے زمرے میں آتی تھی۔ جو ایک شخص کو اپنے ہمسایہ کے کھیت میں سے بالیاں توڑنے کی اجازت دیتی تھی۔

جب تو اپنے ہمسایہ کے کھڑے کھیت میں جائے تو اپنے ہاتھ سے بالیں توڑ سکتا ہے۔ پر اپنے ہمسایہ کے کھڑے کھیت کو ہنسوا نہ لگانا۔ (استثنا 23:25)

فریسی جو پاس کھڑے تھے اُنہوں نے سبت کے روز بالیاں توڑنے پر غور کیا۔ فریسی وہ لوگ تھے جو ہمیشہ ہی اِس موقع کی تلاش میں رہتے تھے کہ خداوند یسوع مسیح پر کوئی الزام لگائیں۔ اُنہوں نے خداوند یسوع مسیح کی توجہ سبت کے روز بالیاں توڑنے کی طرف مبذول کروائی۔ اور کہا کہ شاگرد سبت کے روز بالیاں توڑ کر موسیٰ کی شریعت کو توڑ رہے ہیں۔

چھ دن کام کاج کرنا لیکن ساتویں دن آرام کرنا۔ ہل جوتنے اور فصل کاٹنے کے موسم میں بھی آرام کرنا۔ (خروج 34:21)

خداوند یسوع مسیح نے فریسیوں کو یہ جواب دیا کہ کیسے داؤد اور اُسکے ساتھی خداوند کے گھر میں گئے اور وہ روٹیاں

کھائیں جنکا کھانا صرف کاہنوں کو روا تھا۔(1 سموئیل 21:1-6) جب داؤد اور اُسکے ساتھیوں نے وہ کیا جو موسیٰ کی شریعت کے خلاف تھا۔(احبار 24:5-9) خداوند اُن کے اِس کام پر اِس لیے برہم نہ ہوا کیوں کہ اُس وقت شریعت سے بھی بڑا قانون یعنی رحم کا قانون نافذ تھا۔

داؤد کے آدمیوں کو خوراک کی ضرورت تھی۔ کاہن کے پاس دو میں سے ایک چناؤ تھا۔ یا تو وہ داؤد اور اُس کے ساتھیوں کو بھوکا ہی رہنے دیتا اور شریعت کے لفظوں کی پیروی کرنے پر مجبور کرتا یا پھر اُن پر رحم دلی سے پیش آتے ہوئے اُن کی ضرورت کو پورا کرتا۔ کاہن نے شریعت کے اطلاق کی بجائے رحم کرنے کا چناؤ کیا۔ خداوند یسوع نے انہیں بتایا کہ خدا کاہن کے اِس فیصلہ سے خوش ہوا۔ کیوں کہ وہ قربانی سے زیادہ رحم پسند کرتا ہے۔

فریسیوں کے ساتھ اِس بات چیت کے بعد' خداوند یسوع ہیکل میں گئے۔ وہاں پر ایک شخص تھا جس کا ہاتھ سوکھا ہوا تھا۔ خداوند یسوع مسیح کو آزمانے کی غرض سے فریسیوں نے پوچھا کہ کیا سبت کی روز شفا دینا روا ہے یا نہیں۔ خداوند یسوع مسیح اُن کے دِل سے واقف تھا اور اُن سے یہ سوال پوچھا۔

تم میں ایسا کون ہے جس کی ایک ہی بھیڑ ہو اور وہ سبت کے دن گڑھے میں جا گرے اور وہ اُسے پکڑ کر نہ نکالے۔ (متی 11:12)

یہودیوں کو سبت کے روز گڑھے میں سے گری ہوئی بھیڑ نکالنے میں کوئی دشواری اور رکاوٹ محسوس نہ ہوتی تھی۔ جانور پر رحم یا ترس کی بنا پر یا پھر بھیڑ کی قیمت کے پیش نظر اُس کو سبت کے دن بھی گڑھے سے نکال لیا جاتا تھا۔ خداوند یسوع مسیح نے اُن سے پوچھا کہ کیا انسانی زندگی جانور سے بڑھ کر نہیں ہے۔ اگر سبت کے روز جانور پر رحم کیا جا سکتا ہے۔ تو کیا ایسا ہی رحم اور ترس ایک انسان پر کرنا روا نہیں جو سبت کے روز دکھ اور تکلیف میں مبتلا ہے۔ شریعت کے بے درد اطلاق سے رحم اور ترس کہیں زیادہ اہم تھا۔ متی 23:23 سے ظاہر ہوتا ہے کہ فریسی موسیٰ کی شریعت کی تابعداری میں کس قدر انتہا پسند تھے۔

اے ریاکار فقیہوں اور فریسیوں تم پر افسوس کہ پودینہ اور سونف اور زیرہ پر تو دہ یکی دیتے ہو، پر تم نے شریعت کی زیادہ

بھاری باتوں کو یعنی انصاف اور رحم کو چھوڑ دیا ہے۔ لازم تھا کہ یہ بھی کرتے اور وہ بھی نہ چھوڑتے۔

فریسی موسیٰ کی شریعت کے تعلق سے بڑے سنجیدہ تھے۔ وہ سونف اور پودینے پر بھی دہ یکی دیتے تھے۔ جب وہ اِس قدر گہرے طور پر شریعت کی پیروی کرنے میں سبقت لے جارہے تھے۔ تو خداوند یسوع مسیح نے بتایا کہ وہ ایک انتہائی اہم بات کو نظرانداز کر رہے تھے۔ وہ رحم، انصاف اور وفاداری پر عمل کرنے میں بری طرح ناکام ہو گئے۔ اُن کی قربانیاں ازخود غلط نہیں تھیں۔ خداوند یسوع مسیح جانتے تھے کہ فریسی سخت اور شریعت پرست لوگ تھے، جو شریعت کی تابعداری کرتے وقت دوسروں کی پرواہ بالکل نہیں کرتے تھے۔ خداوند یسوع مسیح نے اُن کے بے رحم روّیوں کے سبب اُن پر ملامت کی۔

رحم کے اصول کی ایک ایسی ہی حیرت انگیز مثال عین فعل کے وقت پکڑی جانے والی عورت کی کہانی میں ملتی ہے۔ (یوحنا 8) فریسی اُس عورت کو ہیکل میں لے کر آئے۔ اور یسوع کے آگے لا کر کھڑا کر دیا۔ موسیٰ کی شریعت ایسی عورت کو سنگسار کرتے ہوئے موت کے گھاٹ اُتارنے کا حکم دیتی تھی۔ خداوند یسوع مسیح نے کہا کہ وہ شخص آگے آئے اور پہلا پتھر مارے جس نے کبھی کوئی گناہ نہ کیا ہو۔ خداوند یسوع مسیح جانتے تھے کہ کوئی بھی ایسا شخص نہیں جو اُس معیار پر پورا اتر سکے۔ اُس نے رحم دلی سے پیش آتے ہوئے اُس عورت کو معاف کر دیا۔

کچھ عرصہ پہلے کسی شخص نے مجھے ایک عجیب صورتِ حال کے متعلق ایک واقعہ سنایا جو اُس کی کلیسیا میں واقع ہوا۔ جونہی عبادت شروع ہوئی تو پچھلی نشستوں پر بیٹھے ہوئے ایک شخص کی طبیعت اچانک بہت زیادہ خراب ہوگئی۔ یہ سمجھتے ہوئے کہ اُس شخص کو دِل کا دورہ پڑا ہے' ایک خاتون میرے دوست کے پاس مشورت کے لیے پہنچی کہ اب کیا کیا جائے۔ انتہائی خراب صورتحال کو دیکھتے ہوئے ایمبولینس بلائی گئی۔ میرا دوست کوائر لیڈر کے پاس گیا اور متعلقہ شخص کے لیے دو منٹ دُعا کرنے کے لیے درخواست کی۔ کوائر لیڈر نے پرستش کی ترتیب اور بہاؤ پر غور کرتے ہوئے کہا ''جب ہدیہ اٹھایا جائے گا تو اُس دوران ہم اِس دُعائیہ درخواست کے لیے بھی دُعا کریں گے۔'' وہ نہیں چاہتے تھے کہ ترتیب شدہ پروگرام میں کسی طرح کا خلل پیدا ہو۔ وہ شخص جو پیچھے کی طرف موت وحیات کی کشمکش میں تھا اُس کی اِتنی بھی قدر و قیمت نہ تھی کہ اُس کے لیے عبادت روک کر خدا کے لوگ اُس کی سلامتی کے لیے خدا سے شفاعت کر سکتے۔

فریسیوں کا روّیہ بھی کچھ ایسا ہی تھا۔

تصور کریں کہ آپ کا کوئی دوست ہو جو بہت شدید زخمی ہوا ہو۔ یہ جانتے ہوئے کہ اگر اُسے جلدی سے ڈاکٹر کے پاس لے کر نہ گئے ،تو وہ مر جائے گا۔آپ اُسے اپنی کار میں ڈال کر جلدی سے ہسپتال لے جاتے ہیں۔گاڑی چلاتے ہوئے آپ اپنے سامنے حدِ رفتار کا بورڈ دیکھتے ہیں۔اگر آپ حدِ رفتار کی تابعداری کرتے ہیں تو آپ کبھی بھی اپنے دوست کو وقت پر ڈاکٹر کے پاس نہیں لے جاسکتے۔آپ کیا کریں گے؟ آپ کے پاس بھی دو میں سے ایک چناؤ ہوگا۔ آپ بھی اُن فریسیوں کی طرح کر سکتے ہیں، کہ اپنے دوست کو کار کی پچھلی نشست پر مرنے دیں اور خود اِس سچائی سے لطف اندوز ہو کر آرام سے بیٹھے رہیں کہ آپ نے قانون کی پاسداری کی ہے۔دوسرا چناؤ یہ ہے کہ آپ اپنے دوست پر رحم کریں اور اُس کی جان بچانے کی خاطر حدِ رفتار کے قانون کو توڑ دیں۔خداوند یسوع مسیح ہمیں سکھا رہے ہیں کہ روح میں نئے طور پر چلنے کی بنیاد رحم اور ترس پر مبنی ہے۔

عین ممکن ہے کہ آپ نے خداوند اور اُسکے کام کے لیے بہت قربانیاں دی ہوں۔لیکن سوال یہ ہے کہ کیا آپ کی قربانیاں دوسروں کے لیے باعث برکت ہوئی ہیں یا باعث لعنت؟ ایسی قربانیاں جن میں رحم اور ترس شامل نہ ہو خدا کے حضور قابل قبول نہیں ہوتیں۔اگر ہم اپنے دوستوں بھائیوں' شریک حیات اور بچوں کو اپنی قربانیوں سے برباد کر کے رکھ دیں تو سمجھ لیں کہ ہم خدا کے حضور کچھ خدمت نہیں کر رہے۔خدا کا دِل رحم اور ترس سے بھرا ہوا ہے۔اور وہ لوگ جو روح میں نئے طور پر چلتے ہیں وہ بھی رحم دلی سے پیش آئیں گے۔

باب 19

دِل کا روّیہ

اُس وقت یسوع نے بھیڑ سے اور اپنے شاگردوں سے یہ باتیں کہیں کہ فقیہ اور فریسی موسیٰ کی گدی پر بیٹھے ہیں۔ پس جو کچھ وہ تمہیں بتائیں وہ سب کرو اور مانو۔ لیکن اُن کے سے کام نہ کروں۔ کیوں کہ وہ کہتے ہیں اور کرتے نہیں۔ وہ ایسے بھاری بوجھ جن کو اُٹھانا مشکل ہے باندھ کر لوگوں کے کندھوں پر رکھتے ہیں۔ مگر آپ اُنکو اپنی اُنگلی سے بھی ہلانا نہیں چاہتے۔ وہ اپنے سب کام لوگوں کو دکھانے کے لیے کرتے ہیں۔ کیوں کہ وہ اپنے تعویز بڑے بناتے اور اپنی پوشاک کی کنارے چوڑے رکھتے ہیں۔ اور ضیافتوں میں صدر نشینی اور عبادت خانہ میں اعلیٰ درجہ کی کرسیاں اور بازاروں میں سلام اور آدمیوں سے ربی کہلانا پسند کرتے ہیں۔ (متی23:1-7)

دِل کا روّیہ بہت اہم ہوتا ہے۔ تصور کریں کہ بطور ایک شوہر آپ اپنی شادی کی سالگرہ کے دن شام کے وقت اپنی اہلیہ کے لیے ایک تحفہ لیے گھر پہنچتے ہیں۔ آپ اُسے تحفہ دیتے ہوئے کہتے ہیں کہ ''ہر سال آپ کو تحفہ دینے کے لیے کچھ نہ کچھ ڈھونڈنے میں مجھے قطعاً لطف نہیں آتا لیکن تمہیں خوش کرنے کیلیے تحفہ تو دینا ہی پڑتا ہے۔ پس میں یہ تحفہ آپ کے لیے خرید لایا ہوں۔'' یہ کہہ کر آپ تحفہ میز پر پھینکتے ہوئے آگے بڑھ جاتے ہیں۔ آپ کے خیال میں آپ کی بیوی کا روّیہ اور ردِعمل کیسا ہوگا؟ کیا آپ کی بیوی تحفہ واپس پھینکنے کی آزمائش میں نہیں پڑے گی؟ اور آپ سے یہ نہیں کہے گی کہ ''اگر اِسی روّیہ سے تحفہ دینا ہے تو مجھے آپ کے تحفے کی کوئی ضرورت نہیں ہے۔''

کیا آپ نے کسی ایسے شخص کو سلام کیا ہے جس نے آپ کو یہ تاثر دیا ہو کہ وہ آپ کے سلام کا جواب دینے کی زحمت بھی نہیں کرنا چاہتا تھا لیکن آدابِ تہذیب کی خاطر مجبوراً آپ کے سلام کا جواب دیا؟ اِس صورتِ حال میں آپ کیسا محسوس کریں گے؟ کیا اُن کے روّیے سے آپ کی عزت ہوئی؟ میں شخصی طور پر جانتا ہوں کہ کئی دفعہ ایسا بھی ہوا کہ میں نے کوئی چیز اِس لیے نہ خریدی کیوں کہ میں نے محسوس کیا سیلز مین نے بطور گاہک میری کوئی قدر ہی نہ کی۔

خدا کے ساتھ اپنے رشتہ میں' بالکل اِسی اصول کا اطلاق ہوتا ہے۔ فریسی موسیٰ کی شریعت پر بڑی احتیاط سے عمل پیرا ہوتے تھے۔ لیکن بہت سی اہم باتوں کو چھوڑ جاتے تھے۔ مذکورہ حوالہ میں ہم نے دیکھا کہ وہ شریعت پر اِس لیے عمل کرتے تھے تا کہ لوگ اُنہیں بڑے خاص لوگ سمجھیں۔ وہ چاہتے تھے کہ وہ بڑے روحانی لوگ سمجھیں جائیں۔ وہ چاہتے تھے کہ لوگ اُن کے دِلدادہ ہوں۔

متی 23 باب میں خداوند یسوع مسیح نے فریسیوں کو بہت دفعہ ملامت کی۔ کیوں کہ خدا اور اُسکی شریعت کے تعلق سے اُنکا روّیہ درست نہیں تھا۔ فریسی چاہتے تھے کہ دوسرے یہ سمجھیں کہ وہ بڑے مذہبی لوگ ہیں۔ وہ عبادت خانوں میں اعلیٰ درجہ کا مقام چاہتے تھے۔ اُن کے لیے اس سے زیادہ اور کوئی خوشی نہ تھی کہ وہ پرانے عہدنامہ کی شریعت کے لیے وقف اور مخصوص تھے۔ وہ خدا سے زیادہ اپنا جلال اور عزت چاہتے تھے۔ شریعت تو ایک طرح سے اُن کی خودنمائی کا وسیلہ تھی۔ اُن کے تکبر کے باعث خدا انکی فرماں برداری کو قبول نہیں کرتا تھا۔

خداوند یسوع مسیح نے فریسیوں کو اُس پیالہ سے تشبیہ دی جو باہر سے تو صاف ستھرا مگر اندر سے گندا ہو۔ اگر آپ کا کوئی دوست آپ کو ایسے پیالہ میں پینے کے لیے پانی دے تو کیا آپ اس میں اپنی عزت سمجھیں گے؟ خداوند یسوع مسیح نے فریسیوں کو سفیدی پھری ہوئی قبروں سے تشبیہ دی۔ باہر سے تو وہ بہت خوبصورت دکھائی دیتی تھیں لیکن اندر سے وہ گندگی' ناپاکی اور تعفن سے بھری ہوئی تھیں۔ خدا کی خدمت کرنے میں اُن کا واحد مقصد اپنی عزت اور مقام بنانا تھا۔ خدا نے اُن کے روّیہ کے باعث انکی عبادت اور ریاضت کو قبول نہ کیا۔

جب سموئیل نبی اسرائیل کے لیے ایک نئے بادشاہ کی تلاش میں تھا تو ایسے نوجوان اُس کے سامنے آرہے تھے جو بڑے قدآور اور خوبصورت تھے۔ خدا نے سموئیل کو اُس دِن ایک بہت اہم بات بتائی۔ 1۔سموئیل 16:7 میں ہم پڑھتے ہیں کہ

پھر خداوند نے سموئیل سے کہا کہ تو اُسکے چہرہ اور اُسکے قد کی بلندی کو نہ دیکھ۔ اِس لیے کہ میں نے اُسے ناپسند کیا ہے۔ کیوں کہ خداوند انسان کی مانند نظر نہیں کرتا اس لیے کہ انسان ظاہری صورت کو دیکھتا ہے پر خداوند دِل پر نظر کرتا ہے۔

بظاہر جو کچھ ہم کرتے ہیں اِس سے کہیں بڑھ کر خدا ہمارے دِل کے رویہ میں دلچسپی رکھتا ہے۔ تصور کریں کہ آپ کا بچہ سکول سے گھر آتا ہے، اُس کے پاس ایک ڈرائنگ کی ہوئی تصویر ہے جو اُس نے آپ کے لیے بنائی ہے۔ جب آپ اُس ڈرائنگ کو دیکھتے ہیں تو آپ کو اُس کی کچھ سمجھ نہیں آتی کہ یہ کیا بنا ہوا ہے۔ یوں لگتا ہے کہ جیسے یہ کاغذ کے ٹکڑے پر تیز انداز میں لکھی ہوئی بدخطی ہے۔ فنکارانہ معیار اور آنکھ سے دیکھیں تو اُس ڈرائنگ کی کوئی قدر و قیمت نہیں ہے۔ اگر کسی چیز کی قدر و قیمت ہے تو وہ آپ کے بچے کے دِل کا روّیہ ہے جس کے ساتھ اُس نے یہ ڈرائنگ آپ کے ہاتھوں میں تھمائی ہے۔ آپ اُس کے دِل کی محبت کو دیکھتے ہیں۔ اور اُس چیز کو قبول کر لیتے ہیں جو شاید کسی اور کے لیے تو فضول اور بے فائدہ ہوگی۔ آپ اُسے لے کر دیوار پر لگا دیتے ہیں تا کہ سب دیکھ سکیں۔ اس ڈرائنگ کی قدر فن میں نہیں بلکہ اُس روّیہ میں ہے جس سے یہ دی گئی ہے۔ خدا کا روّیہ بھی ہمارے بارے میں ایسا ہی ہوتا ہے۔ اُسکی بادشاہت کے لیے ہماری تمام کاوشیں ادھوری اور نقص دار ہوتی ہیں۔ تاہم خدا ہمارے افعال و اعمال میں ہمارے دِل کی محبت کو دیکھ کر خوش ہوتا ہے۔

ایک دن خدا نے یسعیاہ نبی سے کلام کیا۔ اُس نے کہا کہ اُس کے لوگ زبان سے تو اُس کی تعریف کرتے ہیں پر اُن کے دِل اُس سے دور ہیں۔ غور سے سنیں کہ خدا نے یسعیاہ نبی سے 13:29 میں کیا کہا۔

پس خداوند فرماتا ہے۔ چونکہ یہ لوگ زبان سے میری نزدیکی چاہتے ہیں اور ہونٹوں سے میری تعظیم کرتے ہیں لیکن اُن کے دِل مجھ سے دور ہیں۔ کیوں کہ میرا خوف جو اُن کو ہوا۔ فقط آدمیوں کی تعلیم سننے سے ہوا۔

1۔ تمیتھیس 3:6-5 میں مقدس پولس رسول نے تمیتھیس کو اُن اُستادوں کے بارے میں آگاہ کیا جو مالی نفع کے خیال سے تعلیم دیتے تھے۔ جبکہ کسی اور مقام پر پولس رسول اِس بات کو واضح کرتے ہیں کہ مسیحی کارکنوں کو اُن کی خدمات اور کاموں کا معاوضہ دیا جانا چاہئے۔ اگر روپیہ پیسہ ہی ہماری خدمت اور کام کے پیچھے کارفرما ہو تو پھر سمجھ لیں کہ ہمارے دِل کے محرکات درست نہیں ہیں۔ اور ہم خدا کی اُس طور سے عزت نہیں کر رہے جو اُس کی شان کے شایاں ہے۔

خدا کے لیے ہماری خدمات دِل سے ہونی چاہئیں۔ غور سے سنیں کہ مقدس پولس رسول کرنتھس کے ایمانداروں کو بتا رہے ہیں کہ اُنہوں نے کیسے خداوند کے لیے دینا ہے۔

جس قدر ہر ایک نے اپنے دِل میں ٹھہرایا ہے اُسی قدر دے۔ نہ دریغ کر کے اور نہ لاچاری سے۔ کیوں کہ خدا خوشی سے دینے والے کو عزیز رکھتا ہے۔(2۔کرنتھیوں 7:9)

پولس رسول اِس بات کو یہاں پر بہت واضح کر دیتے ہیں کہ وہ لوگ جو دیں اپنے دِل کی خوشی اور رضامندی سے دیں۔اگر آپ اپنا ہدیہ ضروریات کو مدنظر رکھتے ہوئے تنگ دِلی اور غلط روّیہ کے ساتھ دیتے ہیں تو پھر آپ خدا کی عزت نہیں کر رہے۔ جب ہم دِل کی خوشی اور رضامندگی سے ہدیہ جات لے کر آتے ہیں تو یہ خدا کے نزدیک قابل قدر ہوتے ہیں۔شادمان دِل خداوند کی خوشنودی ہے۔

مقدس پولس رسول ہمیں 1 کرنتھیوں 5:4 میں یہ یاد دلاتے ہیں کہ خداوند خدا ہمارے دِل کے منصوبوں کو منکشف کرے گا۔ہم اوَروں کو تو بیوقوف بنالیں مگر ہم خدا کو فریب نہیں دے سکتے۔''پس جب تک خداوند نہ آئے کسی بات کا فیصلہ نہ کرو، وہی تاریکی کی پوشیدہ باتیں روشن کر دے گا اور دِلوں کے منصوبے ظاہر کر دیگا اور اُس وقت ہر ایک کی تعریف خداوند کی طرف سے ہوگی۔''

مذکورہ آیت میں دِل کے منصوبوں کو ظاہر کرنے اور خداوند کی طرف سے سراہے جانے کے درمیان تعلق پر غور کریں۔ خدا ہمارے دِل کے روّیہ پر نظر کرتا ہے اور اُسی کے مطابق ہماری عدالت کرتا ہے۔کیا آپ خدا کی تعظیم کرنے کے خواہشمند ہیں؟ ہمارے دِل کا روّیہ انتہائی اہمیت کا حامل ہے۔روح کے اِس نئے دور اور نئے طریقہ کار میں خدا بے دِلی پر مبنی تابعداری سے کہیں زیادہ کسی اور چیز کی تلاش میں ہے۔وہ چاہتا ہے کہ پاک محرکات کے ساتھ دِل سے اُس کی تابعداری کی جائے۔

باب 20

محبت

آپس کی محبت کے سوا کسی چیز میں کسی کے قرض دار نہ ہو۔ کیوں کہ جو دوسرے سے محبت رکھتا ہے اُس نے شریعت پر پورا عمل کیا ہے۔ کیوں کہ یہ باتیں کہ زناہ نہ کر' خون نہ کر' چوری نہ کر' لالچ نہ کر' اور اُن کے سوا اور جو کوئی حکم ہو، اِن سب کا خلاصہ اس بات میں پایا جاتا ہے کہ اپنے پڑوسی سے اپنی مانند محبت رکھ۔ محبت اپنے پڑوسی سے بدی نہیں کرتی۔ اِس واسطے محبت شریعت کی تعمیل ہے۔ (رومیوں 13:8-10)

اگر آپ کو روح کے نئے طریقہ کار کو ایک لفظ میں مختصر بیان کرنا پڑے تو وہ لفظ کون سا ہوگا؟ بلاشبہ وہ لفظ محبت ہی ہوگا۔ مقدس پولس رسول ہمیں مذکورہ حوالہ میں بتاتے ہیں کہ وہ شخص جو اپنے ہمسایہ سے محبت رکھتا ہے اُس نے ساری شریعت پر عمل کیا۔

جب خداوند یسوع مسیح سے پوچھا گیا کہ سب سے بڑا حکم کونسا ہے، تو انہوں نے جواب دیا۔

خداوند اپنے خدا سے اپنے سارے دِل' اپنی ساری جان اور اپنی ساری عقل سے محبت رکھ بڑا اور پہلا حکم یہی ہے۔ اور دوسرا اِس کی مانند یہ ہے کہ اپنے پڑوسی سے اپنے برابر محبت رکھ۔ اِنہی دو حکموں پر تمام توریت اور انبیا کے صحیفوں کا مدار ہے۔ (متی 22:37-39)

یہ بات روزِ روشن کی طرح عیاں ہے کہ اگر ہم محبت کی راہ پر چلیں تو خدا اور اپنے ہمسایہ کے خلاف گناہ پر غالب آنا ہمارے لیے مزید کوئی مسئلہ نہیں رہے گا۔

ہمارے معاشرے میں محبت کو بیان کرنے کے بہت سے طریقہ کار پائے جاتے ہیں۔ اکثروپیشتر جس چیز کو محبت قرار دیا جاتا ہے، وہ بائبل مقدس کی بیان کردہ تعریف کے معیار پر پوری نہیں اترتی۔مقدس پولس رسول 1۔کرنتھیوں 13:4-8 میں محبت کی درست فطرت کو بیان کرتے ہیں۔

''محبت صابر ہے اور مہربان۔محبت حسد نہیں کرتی' محبت شیخی نہیں مارتی اور پھولتی نہیں اور نازیبا کام نہیں کرتی۔اپنی بہتری نہیں چاہتی۔جھنجھلاتی نہیں' بدگمانی نہیں کرتی' بدکاری سے خوش نہیں ہوتی بلکہ راستی سے خوش ہوتی ہے' سب کچھ سہہ لیتی ہے' سب کچھ یقین کرتی ہے سب باتوں کی اُمید رکھتی ہے' سب باتوں کی برداشت کرتی ہے' محبت کو زوال نہیں' نبوتیں ہوں تو موقوف ہو جائیں گی، زبانیں ہوں تو جاتی رہیں گی۔علم ہو تو مٹ جائے گا۔

'حقیقی مسیحی محبت صابر اور مہربان ہوتی ہے۔ یہ محبت کبھی بھی حسد اور تکبر سے دوسروں کے خلاف ردِعمل کا اظہار نہیں کرتی۔ اِس میں گستاخانہ روّیہ نہیں پایا جاتا۔ یہ کبھی بھی اپنے مفاد اور مطلب کو دوسروں پر ترجیح نہیں دیتی۔یہ نہ تو آسانی سے غصے میں آتی اور نہ ہی کسی بدی پر بے دِل اور رنجیدہ ہوتی ہے۔مسیحی محبت آڑے وقت میں تحفظ دیتی' اعتماد کرتی اور ثابت قدم رہتی ہے۔ اِس کو کبھی زوال نہیں ہوتا۔ نیا دِل جو خداوند اپنے راستباز اور ایماندار لوگوں میں رکھتا ہے وہ اِس انداز سے محبت کرنے کے قابل ہوتا ہے۔

آپ کبھی بھی خدا کی خدمت یا اُس کی پیروی محبت کے بغیر نہیں کر سکتے کیوں کہ یہی اِس کا اولین تقاضا ہے۔

مقدس پولس رسول 1۔کرنتھیوں 13:1-3 میں اس بات کو واضح کرتے ہیں کہ محبت کے بغیر ہماری ہر طرح کی دینداری بے معنی ہے۔

اگر میں آدمیوں اور فرشتوں کی زبانیں بولوں اور محبت نہ رکھوں تو میں ٹھنٹھناتا پیتل اور جھنجھناتی جھانجھ ہوں۔اور اگر مجھے نبوت ملے اور سب بھیدوں اور کل علم کی واقفیت ہو اور میرا ایمان یہاں تک کامل ہو کہ پہاڑوں کو ہٹا دوں اور محبت نہ رکھوں تو میں کچھ بھی نہیں ہوں۔اور اگر اپنا سارا مال غریبوں کو کھلا دوں یا اپنا بدن جلانے کو دے دوں اور محبت نہ

رکھوں تو مجھے کچھ بھی فائدہ نہیں۔

محبت ہی وہ لازمی عنصر ہے جو ہماری عبادت اور دینداری کو خدا کے حضور قابل قبول بناتا ہے۔ اگر ہم اپنا سارا مال غریبوں کو کھلا دیں اور خداوند اور اُسکے کام کے لیے اپنا بدن جلانے کو دے دیں تو ہم نے کوئی معرکہ نہیں مارا۔ محبت قربانی اور فرمانبرداری کے کاموں میں ایک جزوِ لازم ہے۔ آپ اپنے گھرانے کو روٹی کپڑا اور مکان تو دے سکتے ہیں ۔آپ اپنے گھرانے کے افراد کی سالگرہ اور شادی کا دِن یاد رکھ سکتے ہیں۔ آپ اُن کو تمام ضروریات مہیا کر سکتے ہیں۔ تو بھی بطور والدین یا شریکِ حیات اُن کے لیے آپ محبت جیسے جزوِ لازم کو اپنے روّیہ میں شامل نہ کرنے کی کوتاہی کر سکتے ہیں۔

گلتیوں 6:2 میں مقدس پولس رسول کلیسیا کو خط لکھتے ہوئے بتاتے ہیں کہ اگر وہ پرانے عہد نامہ کی شریعت پر عمل پیرا ہونا چاہتے ہیں تو پھر اُنہیں ایک دوسرے کا بوجھ اٹھانا ہوگا۔

''تم ایک دوسرے کا بار اُٹھاؤ اور یوں مسیح کی شریعت کو پورا کرو۔''

پرانے عہد نامہ کی شریعت میں قربانی دینے والی محبت بھی شامل ہوتی ہے۔ اِس میں خداوند یسوع مسیح کے کامل نمونہ کی پیروی بھی شامل ہے۔ جس نے اپنے لوگوں کی محبت کی خاطر اپنے آپ کو کو ہِ کلوری کی صلیب پر ایک قربانی کے طور پر دے دیا۔ محبت ہم میں دوسروں کیلیے وقت' توانائی' اور وسائل کی قربانی دینے کا جذبہ پیدا کرے گی۔ جو لوگ روح کے نئے طور پر چلتے ہیں محبت اُنہیں اپنے بھائیوں اور بہنوں کے بوجھ اُٹھانے کے لیے اُبھارتی ہے۔

باب 21

آخری بات

موسیٰ کی معرفت دی گئی شریعت خدا کا بنی نوع انسان کے لیے ایک مکمل منصوبہ تھا۔ یہ ایک بہت اچھی شریعت تھی جس کا ایک خاص مقصد تھا۔ اِس کا مقصد ہم پر اُس چیز کو عیاں کرنا تھا جس کا خدا ہم سے تقاضا کرتا تھا۔ اِس میں کوئی شک و شبہ نہیں کہ کوئی انسان بھی اس معیار پر پورا نہ اتر سکا۔ لیکن یہ بھی خدا ہی کا منصوبہ تھا۔ اِس کا مقصد ہم پر اس بات کو عیاں کرنا تھا کہ ہماری اپنی کاوشیں کبھی بھی ہمیں خدا کے حضور راستباز نہیں ٹھہرا سکتیں۔ اِس شریعت کی وسیلہ سے خدا ہم پر ہماری نجات دہندہ کی ضرورت کو منکشف کرنا چاہتا تھا۔ درحقیقت اِس شریعت میں نجات دہندہ خداوند یسوع مسیح اور اُسکے کام کی بہت سی تصاویر پوشیدہ تھیں۔ موسیٰ کی شریعت کا مقصد کبھی بھی ہمارے مسئلہ کا حتمی حل بننا نہیں تھا۔ اُس نے تو محض ہمیں مسئلہ کے اُس حل کے لیے تیار کیا جو خدا اپنے بیٹے یسوع مسیح میں پیش کرنے کو تھا۔

جب ٹھہرایا ہوا وقت آیا، تو خدا نے اپنے بیٹے یسوع کو موسیٰ کی شریعت کے تمام تقاضے پورے کرنے کے لیے بھیجا۔ اُس نے ہمارے ماضی، حال اور مستقبل کے تمام گناہوں کا مکمل فدیہ دیا۔ اُس نے ہمارے اندر ایک نیا دِل اور اپنا پاک روح رکھا تا کہ وہ ہمارا رہنما اور مددگار ہو۔ وہ لوگ جو خداوند یسوع مسیح اور اُسکے صلیبی کام کو قبول کر چکے ہیں وہ موسیٰ کی شریعت اور اُس کے تمام تقاضوں سے آزاد ہو چکے ہیں۔

اِس کا ہرگز مطلب نہیں کہ اب ہم اپنی من مانی کرتے پھریں۔ اب ہم سے خدا کی توقعات پرانے عہد نامہ سے کہیں بڑھ کر ہیں۔ تاہم یہ دورُخی ہے۔ گناہ کا معاملہ ہمیشہ کے لیے مسیح کے وسیلہ سے ختم ہو چکا ہے۔ اِس سے ہمیں ایک مختلف اور نئے منصوبے کے تحت خدمت کرنے کے لیے مخلصی اور تقویت ملتی ہے۔ اب ہمیں اِس لیے اُس کی عبادت اور خدمت نہیں کرنی تا کہ ہم اُس کے حضور مقبول اور راستباز ٹھہر سکیں۔ کیوں کہ ہم جانتے ہیں کہ ہمیں پہلے ہی قبول کر لیا گیا ہے۔ اب تو ہم اُس کی محبت اور عقیدت میں اُس کی پرستش اور عبادت کرتے ہیں۔ دوم۔ یہ کہ مسیح نے ہمیں

ایک نیا دِل دیا ہے۔ ایسا کہ اب ہمارے دِل میں اُس کی پیروی اور خوشنودی کی خواہش پائی جاتی ہے۔ اُس کا پاک روح ہماری زندگی میں مسیح کے مقصد اور ارادہ کی طرف ہماری رہنمائی کرتا ہے۔ اب ہمارے پاس وہ سب کچھ موجود ہے جو کہ خدا کے تقاضوں کے مطابق زندگی بسر کرنے کے لیے ضروری ہے۔

ہمارے لیے بطور ایماندار سب سے بڑا چیلنج پرانی فطرت کی گناہ آلودہ خواہشات اور خدا کے پاک کلام میں امتیاز کرنا ہے۔ کلامِ پاک ہمیں نصیحت کرتا ہے کہ ہم جسم کے پرانے طور طریقوں کے اعتبار سے مر جائیں اور روح کے نئے طور پر چلنے کا انتخاب کریں۔ یہ ہمیشہ ہی آسان تو نہیں ہوگا۔ ہمیشہ ایمانداروں کو سراہا نہیں جائے گا۔ بہت سے لوگوں کو جسم کی خواہشوں اور دنیا کے پرانے طرز پر نہ چلنے کے سبب سے دُکھ اٹھانا پڑے گا۔

بعض اوقات بہت سے ایمانداروں کو خدا کی کلیسیا میں ہی غلط سمجھا جائے گا۔ خدا ہم میں سے ہر ایک کے لیے ایک مخصوص منصوبہ رکھتا ہے۔ خدا کا پاک روح ہماری شخصیات کو مسخ نہیں کر دیتا۔ اِس کا مطلب ہے کہ ہم جسم میں زندگی گزارتے ہوئے غلط اظہارِ ایمان کے خطرے میں ہونگے۔ ہمیں مختلف اختلافات کو قبول کرنا اور اُن لوگوں کو نگاہِ قدر سے دیکھنا ہوگا جو ہم سے قطعی مختلف ہیں۔

پاک روح کی راہ سچائی کی راہ ہے۔ خدا کا روح ہمیشہ خدا اور اُس کے کلام کی گہری بصیرت کی طرف ہماری رہنمائی کرے گا۔ یہ قربانی کی راہ خدا اور اپنے ہمسایہ کے لیے محبت کی راہ ہے۔ روح کا طریقہ کار ہمیں مخلص ہونے کے لیے بلاتا ہے۔ یہ ریا کاری اور دکھاوے کو دور کر دیتا ہے۔ وہ لوگ جو روح کے نئے طور پر چلتے ہیں انہیں محبت بھرے دِل سے عبادت اور پرستش کرنے کی تحریک ملتی ہے۔

میری خواہش ہے کہ ہر ایک قاری اِس مختصر مطالعہ میں سے تین اہم سچائیوں کو قبول کرے۔ میں درج ذیل خیالات کے اظہار کے ساتھ آپ سے اجازت چاہوں گا۔

اول۔ یہ کہ مسیح کا کام اُن سب کی نجات کے لیے کافی ہے جو اُس کے وسیلہ سے خدا کے پاس آتے ہیں۔ آسمانی باپ

پرانی مشکلیں اور نئی مے

کے حضور مقبول و منظور اور راستباز ٹھہرنے کے لیے اب ہمیں مزید کچھ بھی کرنے کی ضرورت نہیں۔ وہ لوگ جو مسیح کے پاس آتے ہیں اُن کے سارے گناہ معاف کر دیئے جاتے ہیں۔ اُن لوگوں کو آسمانی باپ قبول کرتا ہے اور کوئی چیز اُنہیں مسیح کی محبت سے جدا نہیں کرسکتی۔ نہ صرف مسیح کا کام آسمانی باپ کے سامنے ہمیں راستباز ٹھہرانے کے لیے کافی ہے بلکہ یہ ہمیں خدا کے معیار کے مطابق زندگی بسر کرنے کے لیے درکار سب چیزیں مہیا کرتا ہے۔ مسیح کا کام ہمیں تبدیل کرتا ہے۔ اُس کے پاک روح کی خدمت ہمیں قوت بخشتی ہے۔ اگر ہم اُس کے پاک روح کی رہنمائی میں زندگی بسر کرنے کا چناؤ کریں تو مسیح میں ہمیں وہ سب کچھ ملتا ہے جو فتح مند مسیحی زندگی کے لیے درکار رہوتا ہے۔

دوم۔ چونکہ ہم مسیح یسوع میں پورے طور پر قبول کیے جا چکے ہیں، اِس لیے اَب ہم نئے منصوبہ کے تحت خدمت کرنے کے لیے آزاد ہیں۔ اگر آج آپ اِس سوچ اور خیال کے ساتھ اُس کی پرستش، عبادت اور خدمت کر رہے ہیں کہ اس سے آپ اُس کے حضور مقبول اور راستباز ٹھہریں گے تو پھر آپ کو معلوم ہونا چاہئے کہ آپ غلط سوچ کے تحت یہ سب کچھ کر رہے ہیں اور اُس کام کو سمجھنے میں ناکام رہے ہیں جو مسیح نے ہمارے لیے صلیب پر کیا ہے۔ ہم تو پہلے ہی پورے طور پر قبول کیے جا چکے ہیں۔ اب آپ جو کچھ بھی کرتے ہیں اس سے آپ کے قبول کیے جانے میں کوئی منفی اور مثبت اثرات مرتب نہیں ہوتے۔ ہمارے قبول کیے جانے کا معاملہ خدا کے حضور ہمیشہ کے لیے نپٹا دیا گیا ہے۔ خدا کے ساتھ اپنی طرف سے باندھے گئے عہد کی پاسداری اور اُسکے حضور قبول کیے جانے کی خواہش کو ترک کر دیں۔ اور محبت بھرے مخلص دِل سے اُس کی خدمت کرنے کا چناؤ کریں۔

آخر میں یہ کہنا چاہوں گا کہ آپ کے دِل میں محبت صرف خدا تک محدود نہیں ہونی چاہئے، بلکہ اِس کا دائرہ کار اُس کے بچوں تک پھیلا ہونا چاہئے۔ اِس بات کو ہمیشہ یاد رکھیں کہ ہم سب کی شخصیات اور ترجیحات مختلف ہوتی ہیں۔ خدا ہماری شخصیات کو ختم کرنے کے لیے نہیں آتا۔ وہ خدا کے کلام کے سیاق و سباق میں ہمارے ایمان کے انفرادی اظہار کی اجازت دیتا ہے۔ ہم سب اپنے اپنے انداز سے حالات و واقعات کو دیکھتے ہیں۔ بطور ایماندار ہمیں چاہئے کہ ہم اختلافات کو قدر کی نگاہ سے دیکھیں اور اُنہیں قبول کریں۔

میری دُعا ہے کہ اِس کتاب کو پڑھنے والے اِس طور سے روح میں چلنا سیکھیں۔ مصنف

لائٹ ٹو مائے پاتھ منسٹری کے زیرِ انتظام کتابوں کی تقسیم

لائٹ ٹو مائے پاتھ منسٹری (ایل ٹی ایم پی) کتابوں کی تصنیف اور تقسیم کی ایک ایسی منسٹری ہے جو کہ براعظم ایشیا' لاطینی امریکہ اور افریقہ میں ضرورت مند مسیحی کارکنوں تک پہنچ رہی ہے۔ ترقی پذیر ممالک میں بہت سے ایسے مسیحی کارکن بھی ہیں جن کے پاس اتنے وسائل نہیں ہیں کہ وہ بائبل ٹریننگ کے لیے جا سکیں یا اپنی شخصی ترقی اور خدمت کی بڑھوتی اور کلیسیائی ضرورت کے لیے بائبل سٹڈی مواد خرید سکیں۔ زیرِ نظر کتاب کا مصنف ایکشن انٹرنیشنل منسٹریز کا رکن ہے جو کہ پوری دنیا میں ضرورت مند مسیحی کارکنوں اور پاسبانوں کے درمیاں مفت یا قیمتاً کتابوں کی تقسیم کے عزم کے ساتھ کتابیں لکھ رہا ہے۔

آج اس وقت تیس سے زیادہ ممالک میں ڈیووشنل کمنٹری سیریز اور لائف اِن دی کرائسٹ سیریز میں ہزاروں کتب منادی' سلسلہ تعلیم' بشارتی خدمت اور مقامی ایمانداروں کی روحانی ترقی اور نشوونما کے لیے استعمال کی جا رہی ہے۔ اِن سیریز میں یہ کتب ہندی' فرانسیسی' ہسپانوی اور ہیٹین کریول زبانوں میں ترجمہ ہو چکی ہیں۔ ہمارا نصب العین جہاں تک ممکن ہو زیادہ سے زیادہ ایمانداروں تک اِن کتب کو مہیا کرنا ہے۔

لائٹ ٹو مائے پاتھ منسٹری (ایل ٹی ایم پی) ایک ایسی منسٹری ہے جو ایمان کے سہارے چل رہی ہے اور پوری دنیا میں ایمانداروں کی مضبوطی اور حوصلہ افزائی کے لیے کتب کے تراجم اور تقسیم کے پیشِ نظر اپنی مالی ضروریات کے لیے خداوند پر توکل کرتی ہے۔

آپ سے گزارش ہے کہ کتب کے دیگر زبانوں میں تراجم اور تقسیم کے لیے دُعا کریں؟ شکریہ۔ خداوند آپ کو برکت دے۔

مصنف